監修者――五味文彦／佐藤信／高埜利彦／宮地正人／吉田伸之

［カバー表写真］
因幡守橘行平の赴任
（『因幡堂縁起』）

［カバー裏写真］
受領の館のようす
（『松崎天神縁起』）

［扉写真］
伯耆国庁復元模型

日本史リブレット12

受領と地方社会

Sasaki Keisuke
佐々木恵介

目次

「受領ハ倒ルル所ニ土ヲツカメ」———1

①
国司から受領へ———5
律令制下の国司／律令制地方支配の動揺／解由制度の展開と国司／受領国司の成立

②
受領の任国支配———24
人的組織／検田と土地把握／租税制度と中央への納入システム

③
摂関政治と受領———40
受領の任命と赴任／受領功過定／摂関・公卿と受領

④
受領群像———59
菅原道真／源経頼

⑤
受領と交通———76
境迎え——都と鄙の対面／留住前司と大番舎人／受領と国風文化／受領と唐物

「受領ハ倒ルル所ニ土ヲツカメ」

本書の主人公である平安時代の受領《ずりょう》については、この『今昔物語集《こんじゃくものがたりしゅう》』▲に登場する信濃守《しなののかみ》藤原《ふじわらの》陳忠《のぶただ》の有名な言葉や、任国《にんごく》の郡司《ぐんじ》・百姓にその暴政を訴えられた尾張守《おわりのかみ》藤原元命《もとなが》の存在などから、任国で過酷な徴税を行い、貪欲に私富を追求する姿を思い浮かべる読者も多いかと思う。たしかに受領にはそのような一面もあり、彼らの徴税の方法や、私富追求の具体的なようすを明らかにすることは、受領研究の重要な課題である。

しかし一方で受領は当時の政治・社会・文化など、さまざまな分野でみすごすことのできない重要な役割を果たしているし、受領の人物像もまた多様である。たとえば、信濃守藤原陳忠は、南家《なんけ》▲の出身で父は元方《もとかた》という人物だが、そ

▼『今昔物語集』　十一世紀前半に成立した説話集。本朝《ほんちょう》世俗《せぞく》部には、藤原陳忠の話のほかにも、受領にまつわる説話が数多くおさめられている。

▼南家　藤原不比等《ふひと》（六五九〜七二〇年）の四人の男子のうち、長男武智麻呂《むちまろ》を祖とする門流。平安時代になると学者を輩出した。

の娘(陳忠の妹)は村上《むらかみ》天皇の更衣《こうい》▲となって第一皇子守平親王《もりひらしんのう》を生んでいたから、さまざまな条件が重なれば、陳忠も天皇の外伯父(母方のオジ)となり、大臣・摂関《せっかん》にのぼりつめる可能性もなかったわけではない。もちろん実際にはそうならず、右大臣《うだいじん》藤原師輔《もろすけ》の娘が生んだ憲平《のりひら》親王が立太子《りったいし》して冷泉《れいぜい》天皇となり、元方は失意のうちに死亡、以後憲平や師輔およびその一族に怨霊となって祟る存在となる。また藤原元命は、尾張守となる直前には、顕官《けんかん》▲である式部丞《しきぶのじょう》(文官の人事を担当する式部省の判官《はんがん》)を務めていたから、有能な官吏として評価されていたと考えられるが、彼の人物像に、中央省庁で実績をあげ、知事や国会議員に転じて汚職事件で道を踏みあやまるという、現代のキャリア官僚の姿を重ねあわせることも可能である。さらに、菅原道真《すがわらのみちざね》・紀貫之《きのつらゆき》・大江匡衡《おおえのまさひら》など、当代一流の学者・文人が受領を経験していることも、見逃せない事実である。

このように、多種多様な顔をもち、さまざまな方面で重要な役割を果たした受領は、平安時代の特徴を理解するための鍵を握る存在であるといっても過言ではない。本書では、このような観点から、とくに受領が都《みやこ》と地方とを行き来する存在である点に注目し、受領の活動の具体的な姿と、それを通じた都と地

▼**更衣**　平安時代前半に特徴的にみられる天皇のキサキの称。天皇の衣替《ころもが》えに奉仕したことに由来するとされるが、キサキのなかでは最下級の地位で、所生の男女が親王となるのはまれであった。

▼**顕官**　摂関期以降、六位の者が任じられる中央の官職で、とくに重要視されていた太政官《だいじょうかん》の外記《げき》・史《し》、式部省《しきぶしょう》・民部省《みんぶしょう》の丞《じょう》、左右衛門尉《えもんのじょう》などをさす。これらの官職は、除目《じもく》(任官会議)で受領とともに公卿による挙《きょ》という方式で任命された。また一定期間勤務すると、従五位下に叙位《じょい》され(叙爵《じょしゃく》)、受領となる道が開かれていた。

方との交流の様相について考えていきたい。また、筆者の力量の問題から、時期的には、受領国司《こくし》が成立する九世紀末ごろから十一世紀半ばごろまでの、いわゆる摂関政治の時期を主として対象とする。

ところで受領というのは、本来ある官職に就いた者が、前任者から官物《かんもつ》▲に対する管理責任と権限を引き継ぐことを示す語であった(これを前任者からみた場合には、新任者に分付《ぶんぷ》《ぶんづけ》するという)。それが国司の交替について頻繁に用いられるようになり、しだいに官物を受領する人自身、すなわち国司のなかで現地の支配を行う最高責任者を受領と呼び、それ以外の国司(任用国司)と区別するようになったものである。したがって受領という語が、そのような用いられ方をするようになった背景には、当然のことながら律令《りつりょうせい》制的な国司制度の変質という事態が存在している。そこで①章では、律令制下の国司のなかから受領国司が生まれてくる過程を、社会の変化とも関連させながら説明していきたい。

続く②章では、律令制的な国司から受領への変化のなかで、受領が任国をどのように支配するようになったかを、これも九・十世紀の社会の変化と関連づけながらみていくことにする。具体的には、受領が都からつれていった人びと、

▼**官物**　この場合、官司に所属する施設・財産・文書などのこと。

および在地の人びとをどのように組織して、支配体制を築いていったか、国内の土地をどのように把握して、租税徴収の基礎としたか、どのような基準で徴税を行い、これを都へ運んで諸所に納入したのか、といった点を、近年の研究成果を参考にしながら説明していきたい。

③章では、摂関政治を担った摂関・公卿《くぎょう》と受領との関係を検討する。受領の成績判定会議である受領功過定《こうかさだめ》の内容などから、摂関・公卿が受領になにを期待したか、一方受領は摂関・公卿にいかなる貢献をしたのかをみていきたい。

④章では、③章までに述べてきたことを踏まえ、二人の受領の、受領としての姿勢や活動のようすなどについて、具体的にみていくことにする。

最後に⑤章では、受領が都と地方とのあいだの交通・交流に果たした役割について考えたい。交通手段の発達していない当時にあって、受領の往来は都と地方とを結ぶ太いパイプの一つであったから、彼らは双方の人・物の行き来に大きく寄与していた。それは、政治・経済の分野にとどまらず、広く社会・文化の方面にもおよんだはずであり、受領のそのような分野における活動と歴史的役割を明らかにできればと考えている。

①—国司から受領へ

律令制下の国司

七〇一(大宝元《たいほう》)年に制定された大宝律令《りつりょう》▲では、諸国を大国・上国・中国・下国の四等級に分け、それぞれ国司《こくし》の員数と職務とを規定している。令に規定されている職員は、守《かみ》(長官)・介《すけ》(次官)・掾《じょう》(判官)・目《さかん》(主典)の四等官《しとうかん》と雑任である史生《ししょう》▲のみであるが、一国の行政全般をこれらの人数で行うのは不可能であり、実際には四等官や史生のもとに、雑務に従う職員が多数勤務していたと考えられる。今、一国の行政全般と述べたが、令にはあらゆる国の守に共通する職掌として、以下の事柄があげられている(養老職員令《しきいんりょう》大国条)。

祠社、戸口簿帳、字養百姓、勧課農桑、糺察所部、貢挙、孝義、田宅、良賤、訴訟、租調、倉廩、徭役、兵士、器仗、鼓吹、郵駅、伝馬、烽候、城牧、過所、公私馬牛、闌遺雑物、及寺、僧尼名籍事、

これらの語句一つひとつの意味については詳しくふれないが、祭祀、百姓の把握や指導、治安維持、土地支配、租税の徴収と保管、軍事、交通、馬牛の把

▼**律令の規定と国司**　大宝律令は現存せず、後世の注釈書などから一部が復元されるのみである。一方、養老年間(七一七〜七二四)に編纂され、七五七(天平宝字元)年施行された養老律令は、律が全体の三分の一ほど現存し、令は九世紀前半につくられた公定注釈書である『令義解《りょうのぎげ》』により、その条文のほとんどが知られている。両者を比較すると、一部に内容上重要な変更がなされているものの、基本的には大差ないものと考えられており、本文に掲げた国の守の職掌も、両令のあいだで変更されたことを示す積極的証拠はみいだせない。

▼**史生**　律令制下の各官司におかれた公文書作成に携わる職員。国の史生は原則として中央で任命されて任国に赴任した。このほかに令には規定されていないが、現地採用の書記係として国書生《くにのしょしょう》もおかれていた。

●──養老令による国司四等官・史生員数と官位相当表

国の等級	守(長官)	介(次官)	掾(判官)	目(主典)	史生
大　国	1(従五位上)	1(正六位下)	大掾1(正七位下) 少掾1(従七位上)	大目1(従八位上) 少目1(従八位下)	3(5)
上　国	1(従五位下)	1(従六位上)	1(従七位上)	1(従八位下)	3(4)
中　国	1(正六位下)		1(正八位上)	1(大初位下)	3(3)
下　国	1(従六位下)			1(少初位上)	3(2)

史生の括弧内の数字は，779(宝亀10)年の改正によるもの(『続日本紀』)。

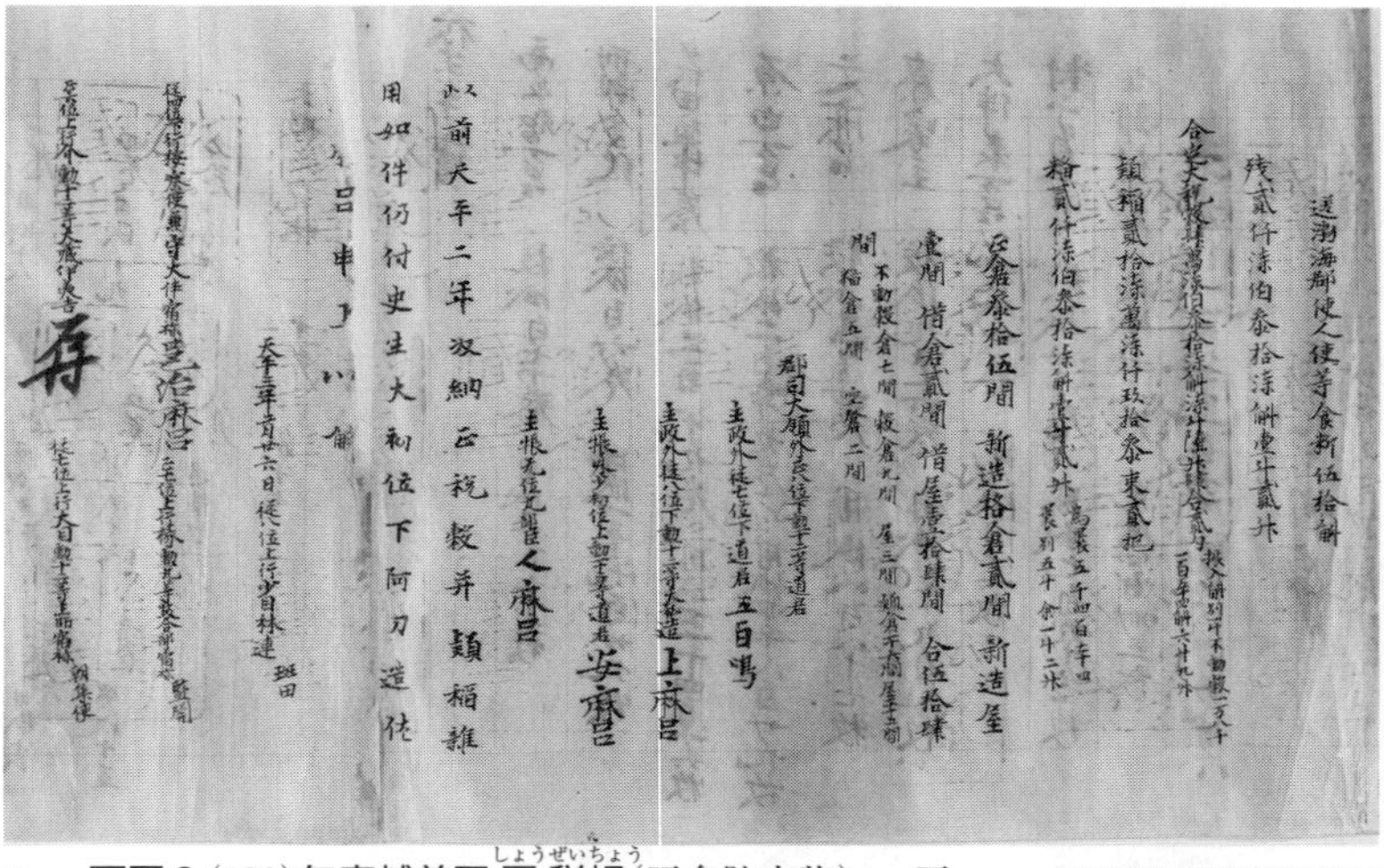

●──天平2(730)年度越前国 正税帳《しょうぜいちょう》(正倉院宝物)　正税帳は，諸国の1年ごとの財政報告書。下は四等官の署名・朱印の拡大図。末尾の四等官の署名のうち，上段の守と介には自署があるが，下段の掾と大目には，それぞれ「監関」「朝集使《ちょうしゅうし》」という不在の理由を示す注記があって，自署は加えていない。前者は現在の福井県敦賀《つるが》市にあった愛発関《あらちのせき》の監督にあたっていたということ，後者は国司の勤務評定に関する書類などを都に送付する朝集使として派遣されていることを意味する。なお，年月日の下の少目についても，「班田」とあり，班田収授の業務によって不在であったことがわかる。

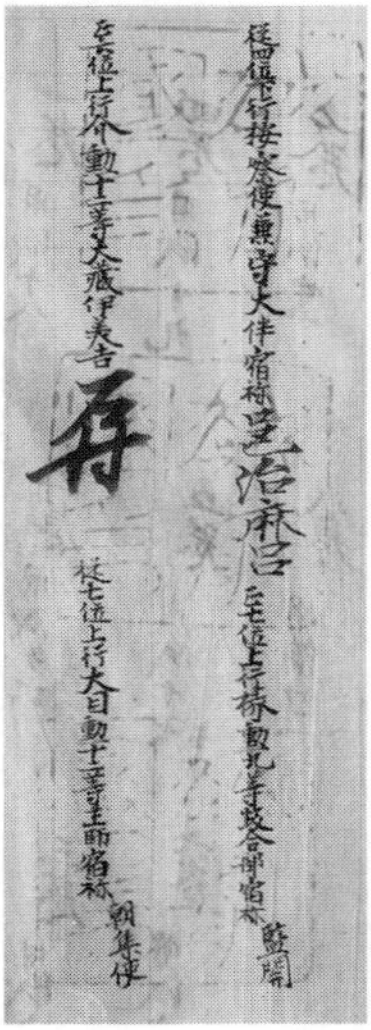

握や、寺院・僧尼の統制など、実に多方面にわたっていることは容易に理解できよう。

また、このような国司による部内支配の特徴も多様な角度からとらえることができるが、とくにここでは以下の三点を指摘しておきたい。

第一は、右に掲げた国司の職掌のなかの「字養百姓」(「人々を慈しみ、教え導く」という意味)にかかわる点である。戸令《こりょう》国守《こくしゅ》巡行《じゅんこう》条には、国守が毎年一度部内を巡行し、百姓に礼《れい》(儒教《じゅきょう》道徳)を教え諭すという規定が存在するから、「字養」の内容としては、人民の教化という、いわば倫理的・道徳的なものが想定されていると考えられる。この任務は、律令の母国である唐《とう》の地方官の「宣風導俗」(京兆府《けいちょうふ》などの長官「牧《ぼく》」)、「導揚風化、撫字黎氓」(県の長官「令《れい》」)といった職掌を継受したものであって、その背景には、礼を身につけた階層(士大夫《したいふ》)出身の地方官が、無知蒙昧な人民を教化するという、中国の伝統的な観念が存在していた。大宝律令の制定者も、理念上、このような中国における地方官の役割を国司に期待していたと考えることは一応可能である。しかし、少なくとも律令制成立当初の日本においては、右のような中国的な観念が支配層のあいだに根付いていたとは考えがたいから、そうなると日本における「字養百姓」の現実的な意味が問題となる。そこで参考となるのが、▼『続日本紀《しょくにほんぎ》』▲養老《ようろう》二（七一八）年四月乙亥《いつがい》条にみえる道首《みちのおびと》名《な》の卒伝である。伝によれば、首名は和銅《わどう》末年に筑《ちく》後守《ごのかみ》兼肥後守《ひごのかみ》となり（筑後守に任命されたのは七一三〈和銅六〉年八月）、人びとの生業を盛んにするために規則を制定し、果物や野菜の栽培、鶏や豚の飼育を奨励して、指導に従わない者がいれば処罰したという。当初、人びとは首名のやり方を怨んだが、その効果があらわれるにつれて、国内の民はみな喜んで彼に従うようになった。さらに筑後・肥後の灌漑《かんがい》施設の整備も積極的に行ったため、首名の死後、人びとは彼を神としてまつったとある。

ここで賞賛されている首名の国司としての活動は、儒教的道徳をもって人びとを導くというようなものではなく、もっぱら国内の民の生活を向上させるという現実的な面に力点がおかれている。この伝記には中国正史の良吏《りょうり》伝・循吏《じゅんり》▲伝の語句を参照しながら文章が整えられた部分もあると指摘されているが、そうであればなおさら、中国との対比において、日本の律令国家が国司になにを期待したかが明らかであるといえよう。このほか、八世紀の史料で国司の具体

▼**『続日本紀』**　六国史《りっこくし》の二番目。七九七（延暦十六）年に完成。『日本《にほん》書紀《しょき》』に続いて、文武《もんむ》天皇元（六九七）年から桓武《かんむ》天皇の延暦十（七九一）年までを編年体で叙述する。『日本書紀』にはみられない特色として、おおむね四位以上の貴族・官人や僧侶などの伝記を、彼らが没した日にかけて載せている点があり、これを薨卒伝《こうそつでん》と呼んでいる。薨卒伝は中国史書の中心である列伝を、編年体の史書のなかに取り入れたものであり、『続日本紀』以後、時代がくだるにつれて、しだいに内容・文章ともに充実していく。なお、正五位下で没した道首名に卒伝が載せられているのは異例のことであり、それだけ首名の国司としての業績が特筆すべきものだったことがわかる。

▲的治績に言及するものは少ないが、たとえば七一四（和銅七）年閏二月に吉蘇路《きそじ》を開いたことにより、部下や匠《たくみ》とともに封戸《ふこ》と田をあたえられた美濃守《みののかみ》笠麻《かさのま》呂《ろ》などの例から考えても、律令制当初においては、進んだ技術や知識を用いて人民の生活の向上・安定をはかることこそ、「字養百姓」の中心的内容ととらえられていたとみることができる。この「字養百姓」のとらえ方が九世紀以後、どのように変化していくかは、④章で再びふれることにする。

国司による部内支配の特徴の第二点として、つぎに郡司《ぐんじ》との関係についてふれておきたい。国司の四等官や史生が原則として都《みやこ》から派遣されたのに対して、郡司には現地の者が任用され、とくにその長官・次官である大領《だいりょう》・少領には、各地域に伝統的な支配力を有する豪族が世襲的に任命されることが多かった（以下、本章で郡司という場合は、とくに断わらないかぎり、大領・少領をさす）。したがって、都から派遣され、数年で交替する国司が、国内の支配を円滑に行おうとすれば、郡司の力に依存せざるをえなかったのは、むしろ当然であった。具体的には班田収授《はんでんしゅうじゅ》の施行、戸籍・計帳《けいちょう》の作成、租税の徴収、裁判など、律令制地方支配のあらゆる面において、すなわち国司の職務のほぼすべてについ

▼**良吏伝・循吏伝**　地方官としてその地域の人びとを教導し、治績をあげた者の伝記。司馬遷《しばせん》の『史記《しき》』以来、中国正史の列伝には、良吏伝または循吏伝がおさめられている（その反対の酷吏《こくり》伝もある）。道首名の伝には、『漢書《かんじょ》』『後漢書《ごかんじょ》』の循吏伝を参考に文章がつくられている箇所があるとされている。

▼**吉蘇路**　美濃国から信濃《しなの》国に通じる東山道《とうさんどう》は、美濃国恵奈《えな》郡坂《さか》本《もと》駅（現岐阜県中津川《なかつがわ》市）から神坂《みさか》峠（中津川市と現長野県阿智《あち》村の境）を越えて信濃国にいたっていたが、吉蘇路は恵奈郡から木曽《きそ》川にそって東北に進み、鳥居《とりい》峠（現長野県木祖《きそ》村と塩尻《しおじり》市〈旧楢川《ならがわ》村〉の境）を越えて信濃国筑摩《つかま》郡にいたるルート。神坂峠越えが難所だったために、笠麻呂らによって開削されたが、東山道の本道はこののちも神坂峠越えだった。

て、郡司の果たした役割はきわめて大きかった。九世紀にはいってからの史料であるが、国司が中央に報告する事項に虚偽が多いことを戒めた法令のなかに、「郡司是自勘自申之職也、国司則随レ申覆検之吏也(郡司は管轄地域の状況をみずから調査し、報告する職であるのに対して、国司は郡司の報告を受け、これに誤りがないかどうかを点検するのが職務である)」(『類聚三代格《るいじゅうさんだいきゃく》』▲弘仁《こうにん》十〈八一九〉年五月二十一日付太政官符《だいじょうかんぷ》)とあるのは、地方支配にあたっての国司と郡司との本来的な関係を的確に表現したものといえる。

最後に第三点として、国務に対する四等官の関わり方についてみておきたい。国司に限らず、律令官制における長官・次官・判官・主典という四等官制は、基本的には唐の官制を手本にして構想されたものである。しかし、官司における決裁やこれに対する責任のあり方という点では若干の違いがある。すなわち唐では、官司内での決裁(判《はん》)は、主典が作成した書類に対して、判官から次官(通《つう》判官)、次官から長官(惣《そう》判官)へというように、下から順に決裁(判)を積み上げていく方式がとられている(三判制《さんばんせい》)。したがって、決裁に対する責任についても、長官・次官・判官が、それぞれの官等に応じて負うことになっていた

▼『類聚三代格』　九世紀から十世紀初めにかけて編纂された弘仁・貞観《じょうがん》・延喜《えんぎ》の三代の格(律令の追加・修正法を集成した書)は、法令が官司別にならべられていたが、これを十一世紀に内容別に分類して再編成したもの。

(節級《せつきゅう》)。

これに対して日本では、長官・次官・判官のいずれかが、彼ら全員の了解のもとで決裁をくだすという方式がとられている。したがって、律では官司内での過失・違反行為について、唐と同様に節級して処罰するという規定が存在してはいたが、このような考え方は日本では受けいれにくかったものと思われる。もっとも、諸国から中央に納入される調《ちょう》・庸《よう》などの違期《いご》・麁悪《そあく》・未進《みしん》が顕在化する九世紀にはいると、一時期律の規定によって国司らを処罰することを命じた法令があいついでだされるようになるが、これもどれほど実行されたかについては、疑わしいとされている。

このように唐と日本では、四等官が官司内の政務に対して連帯責任を負うという点では共通しているのであるが、連帯責任の内容が異なっていたとすることができる。いいかえれば、日本では連帯責任とはいっても、個々の官人が具体的にどのような責任を負うかが、やや曖昧であったということになる。

律令制地方支配の動揺

前述したように、律令制当初の国司による部内支配は、郡司の伝統的支配力に依存するところが大きかった。しかし八世紀もなかばをすぎるころには、そのような状況にはっきりとした変化がみられるようになる。

その変化の原動力は、墾田《こんでん》開発の進行と、これを背景とした有力個別経営農民の成長だった。七四三(天平《てんぴょう》十五)年の墾田永年私財法《えいねんしざいほう》▲は、墾田の私有を一定の限度内で認めた法令であり、そのなかにあって郡司がことのほか優遇されているのはよく知られた事実だが、地方にあって墾田開発を進めたのは郡司ばかりではなかった。八世紀後半の東大寺《とうだいじ》領《りょう》荘園《しょうえん》に関する史料からは、寺領の周辺に小規模な百姓墾田が散在していたことが判明するし、同時期から九世紀前半にかけての売券《ばいけん》(土地売買の証文)にも、郡司以外の地方農民が所有する墾田がごく一般的にみられる。

このような墾田の開発とその所有によって、これまで郡司の支配と保護のもとにあった農民は、自立した個別経営農民へとしだいに変貌をとげるのである。七九〇(延暦《えんりゃく》九)年畿内《きない》諸国に対してだされた法令によれば、「殷富《いんぷ》之人」も「貧窮

▼**墾田永年私財法**　その内容は、(1)開発した墾田は七二三(養老七)年の三世《さんぜ》一身《いっしん》という制限をやめて、私財とすることを許す、(2)位階《いかい》により墾田所有額に制限を設ける(ただし郡司については特例で広い面積の墾田所有を許す)、(3)国司在任中に取得した墾田は、任期終了後収公する、(4)開発予定地占定後、未開墾で三年を経過した土地は他人の開墾を許す、というものである。

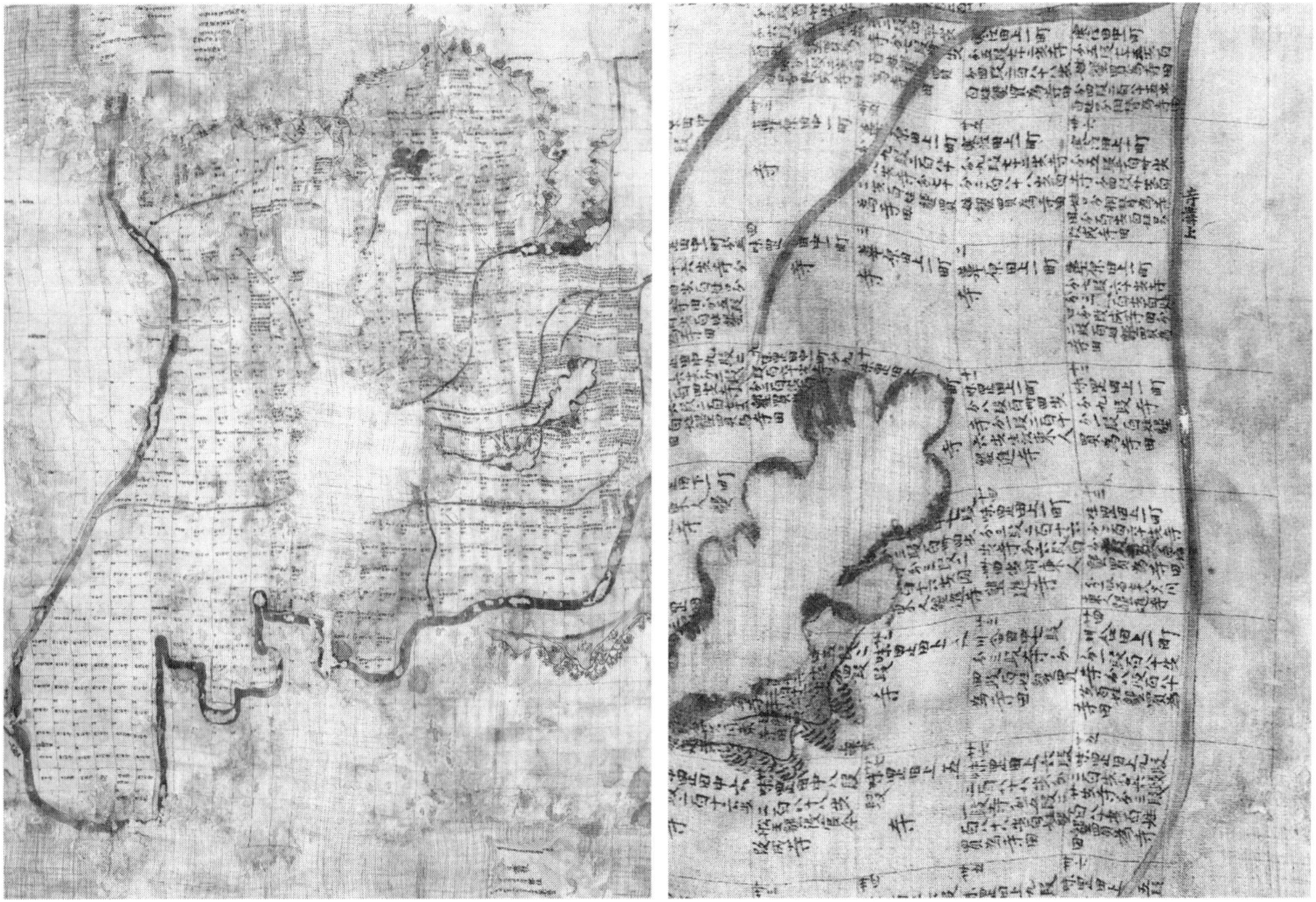

●——天平神護2（766）年越前国足羽郡道守村地図にみえる百姓墾田（正倉院宝物）
現在の福井市西南部にあった東大寺領荘園の地図。図の下端付近（下の拡大図参照）には，寺領に接して小規模な百姓墾田の所在が記入されている。

之輩」も、農繁期の労働力をみずからの資産で提供する魚酒によって確保しようとしており、規模に大小の差はあるものの、自立した経営を行う農民が広汎に存在していたことがわかる。さらに、九世紀前半に成立した『日本霊異記《にほんりょういき》』▲の説話や、同じころの私出挙《しすいこ》▲を禁止する法令などからうかがえるように、個別経営農民のなかから、みずからたくわえた稲や銭を周辺の農民に出挙して資産をふやし、「富豪之輩」などと呼ばれるようになる有力農民も出現するようになった。

このような「富豪之輩」の登場は、従来からの国司による部内支配に、さまざまな面で変更を迫ることとなった。国司の部内支配は、制度的には戸籍・計帳・班田収授に基づき、実質的には郡司の伝統的支配力に依存しながら行われていた。このうち制度的な面についてみると、「富豪之輩」のなかには、「富豪浪人▲」と呼ばれた者が存在したことに端的に示されているように、彼らの活動は律令制的支配の原則を真っ向から突きくずす存在だった。同時に彼らは墾田開発や私出挙などによって、それぞれの地域で国家にとって無視できぬ資産を保有するようになったから、国司は律令制支配の原則を改め、彼らからその富

▼『日本霊異記』　九世紀前半に、薬師寺《やくしじ》僧景戒《けいかい》が著わした日本最初の仏教説話集。計一一六の説話がおさめられており、成立当時の社会のようすを知るための貴重な史料である。

▼私出挙　出挙は、稲・粟・布・銭などの財物を利息付きで貸借すること。国家が行う公《く》出挙と、民間で行われる私出挙とがある。私出挙は七三七(天平九)年に禁止されて以来、しばしば禁断の法令がだされるが、実際には常に盛んに行われていたと考えられる。

▼浪人　この場合「浪人」とは戸籍による支配から離脱した者のこと。

を吸収するようなシステムをあらたに築き上げていく必要があったのである。この点については次章で詳しく取り上げることとし、ここではもう一方の実質的側面についてみておきたい。

八世紀半ば以降、前述した墾田永年私財法の有利な条件のもとで、郡司も積極的に墾田開発を進めていった。これは、郡司のなかにも「富豪之輩」となる者が少なくなかったことを示していると同時に、彼らが有力な個別経営農民として、他の「富豪之輩」と競合する存在へと変貌していったことも意味している。このような郡司の性格の変化を国司の側からみれば、郡司の伝統的支配力に依存してきたこれまでの部内支配のあり方を、変えていかざるをえないということであった。実際、八世紀末から九世紀初めにかけて、郡司の任用方式を変更する法令がたびたびだされ、そこに国司と郡司との関係の変化をうかがうことができる。

郡司の任用には、まず国司が候補者を選定し(国擬《こくぎ》)、候補者は上京して式部《しきぶ》省《しょう》▲の審査を受けるという、二段階の手続きが存在したが、前述したように、八世紀を通じて、郡司には律令制以前からそれぞれの地域に伝統的支配力を有

▼**式部省**　文官の人事を担当する中央官司。ここでの郡司候補者の審査は、「譜第」(次ページ注参照)を問う面接と筆記試験からなり、それにパスすると太政官に報告、太政官は天皇に奏上して最終的決裁を受けるというものだった。

▼**譜第主義**　譜第とは一般的には系譜の順番というような意味であるが、郡司については、かつて郡司に任命された者の系譜に連なる者を優先的に郡司に任命するという、いわば世襲的な任命方式を意味している。ただし譜第の範囲については時代によって違いがあり、当初は大化改新《たいかのかいしん》後、はじめて評《こおり》(大宝令以前の郡の呼称)の官人に任命された者の子孫をさしたが、平安時代にはその範囲が広がり、かつて郡司に任命された者となんらかの形で系譜上連なっていれば、譜第をもつと認定されるようになった。

▼**綱領郡司**　諸国から都へ調・庸などの租税を運ぶ責任者を、国司や郡司については綱領、一般公民については綱丁《こうちょう》と呼ぶ。彼らは農民から徴発された運脚夫などを率いて租税を納入先まで運送し、その受領証(返抄《へんしょう》)を受けなければならなかった。

する豪族が任命される場合が多かった。これを郡司任用における譜第《ふだい》主義▲と称し、八世紀半ばには、何度かこの譜第主義を確認する法令がだされている。ところが七九八(延暦十七)年に、「譜第之選」を停止し、「芸業著聞」で郡をおさめるにたえる者、あるいは「才能」ある者を郡司に任命するようにという法令がだされ、これまでの譜第主義が撤回されることになった。ここでいう「芸業」「才能」とは、このころ、調・庸を都に運ぶ業務を担当する綱領郡司《こうりょうぐんじ》▲の責任がしばしば問題にされていることなどから、このような租税の輸納をはじめとする実務能力をさしていると考えられる。したがってこの法令は、郡司に期待するものが、伝統的な支配力から官人としての実務能力へと転換していく画期をなすものと評価できる。

ついで八一一(弘仁《こうにん》二)年、郡司の選考にあたっては、まず譜第をもつ人物から選考し、適当な人材がいなければ、譜第をもたなくても「芸業」ある人物を任用するようにとの法令がだされた。これは一見すると、七九八年の方針が否定され、譜第主義に回帰したかのように思えるが、郡司となるには「芸業」に優れていることが前提であり、そのなかで譜第をもつ者を優先して任用する方針を示したものと理解できるから、単純な回帰とはいえず、芸業主義は貫かれている。また翌八一二(弘仁三)年には、これまで式部省での選考で、国擬以外の者が郡司に任命される場合があったのを改め、今後郡司の選考は国擬者のみによることとし、さらに八二二(弘仁十三)年には、国司は正式な郡司の任用手続きにはいる前に、候補者を三年間雑務に試用することが可能となった。郡司の任用に関するこれら一連の改革によって、郡司はその伝統的支配力で律令制支配を実質的に担う存在という律令制当初の位置づけが完全に否定され、国司の部下として郡内の実務を円滑に処理すべき存在とされるようになった。その結果、国司は従来のように郡司の力に依存するのではなく、郡司を含めた「富豪之輩」を相手に、みずからの手で直接部内支配を行う方法を模索していくことになるのである。

解由制度の展開と国司

前項でみたような国司と郡司との関係の変化は、いいかえれば地方政治の責任が国司に一元化されていく過程とみることもできる。そこでここでは、国司内部での責任のあり方が、八世紀末から九世紀前半にかけてどのように変化していくか、みていきたい。

本章冒頭で述べたように、国司四等官は、国務に対して連帯責任を負うのが律令制の建て前であるが、その実質は、「諸国主典已上、雖二各職掌一、〔異脱カ〕至二於行事一、必応二共知一」(『延暦交替式《こうたいしき》』▲所引、天平二〈七三〇〉年四月十日太政官符)とあるように、四等官全員の了解のもとに、官司としての決裁がくだされるというやや曖昧なものであり、唐のごとく、ある案件に対して、判官以上が段階的に決裁をくだし、その責任を応分に負担するというような意味での連帯責任とは異なっていた。このようななかで、個々の具体的な業務についての責任を明確化するためには、それぞれの業務を分担してその責任者を決めるという方式が考えられ、実際にそれは専当《せんどう》国司制▲として、八世紀半ばから史料にあらわれている。しかし、国務全体の責任を明確化するという点では、国司の代表者たる官長にその責任を集中させることによって、曖昧な連帯責任のあり方を克服するというのが、もっとも自然な方法だったと考えられる。

一方、中央政府の国司に対する監査・統制についてみると、八世紀後半まで

▼**『延暦交替式』**　八〇三(延暦二十二)年に施行された国司交替に関する法令・規則を集めた書。八世紀末に設置された勘解由使(次ページ注参照)により編纂された。

▼**専当国司制**　本章冒頭に紹介したような国司の多様な職務を、個々の国司に分担させ、単独で責任を負わせる制度。専当する職務の内容は、租税の徴収・納入や勧農(農業の奨励)、神社の修理や仏事の挙行など多岐にわたった。

は、巡察使《じゅんさつし》・按察使《あぜち》▲といった地方行政を監察する官が臨時に任命され、在任中の国司の治績を中央に報告するという形で、おもに行われていた。しかし、七五八(天平宝字《てんぴょうほうじ》二)年、国司の交替手続の期限を一二〇日とし、前司《ぜんじ》(国司の前任者)が官倉《かんそう》▲の欠損を追及されるのを恐れて後司《こうし》への引継ぎをしぶったり、新司《しんし》が後司の過失を知りながら引継ぎをしたりした場合には、両者を解官とするという法令がだされたのを契機に、以後、国司の責任をその交替の際に厳しく監査するという方針が強化されていく。七九七(延暦十六)年ごろ設置された勘解《かげ》由使《ゆし》▲は、正確な設置時期や設置の目的に諸説はあるものの、このような国司交替に対する監査を厳正に行うというのが、その主要な任務の一つであったことはまちがいない。

さて勘解由使とは、解由(解由状)を審査する官という意味で、解由とは、国司に限らず官人の交替において、後司が交替事務を完了したことを証明するために前司にあたえた文書である。しかし、諸国にたくわえられた正税などの官物の欠損が常態化すると、交替の際に前・後司間の争いがめだつようになり、解由状が円滑に発給されることはまれとなっていく。そこで勘解由使設置とほ

▼**巡察使・按察使**　ともに臨時に設置された地方行政監察官。国司・郡司の治績や庶民のようすを調査し、中央に報告した。設置の単位は数カ国あるいは畿内七道《きないしちどう》の道別で、巡察使が管轄地域に派遣され、比較的短期間で復命したのに対して、按察使は特定の国司がこれを兼ねて周辺数カ国を監察し、一定期間常駐した。

▼**官倉**　諸国の稲穀などがたくわえられている正倉《しょうそう》のこと。

▼**勘解由使**　七九七(延暦十六)年に設置された勘解由使は『延暦交替式』(前ページ注参照)を編纂して、八〇六(大同《だいどう》元)年にいったん廃止され、八二四(天長《てんちょう》元)年に再置された。勘解由使の主要な任務は、国司交替の際に作成される不与《ふよ》解由状《げゆじょう》を審査し、勘判《かんぱん》と呼ばれる判定をくだすことで、官物の欠損などについて前任者に責任があれば、これを補填させた。

●—諸国正倉の復元模型　福島県泉崎《いずみざき》村関和久《せきわく》遺跡の遺構をもとに復元した正倉。関和久遺跡は古代の陸奥《むつ》国白河郡家《しらかわぐうけ》に比定されている。郡の役所に隣接した大溝に囲まれた区画に、このような倉が多数建ちならんでいた。

ぼ同じところから、後司は前司の任期中に生じた官物の欠損などを列挙して、解由を発給できない旨の文書(不与解由状《ふよげゆじょう》)を前司に交付し、前司はこれに基づき官物の補塡などにあたることとなった。したがって勘解由使の実質的な任務は、この不与解由状をめぐる前・後司の主張を裁定し、諸国官物の保全をはかることにあったといえる。

このように国司に対する統制を、その交替の時点で厳しく行う体制が確立していくと、とくに一国の責任者である国司の官長の交替が、重要視されるようになるのは自然の成り行きだった。左に掲げる八一二(弘仁三)年の法令は、そのような意味で注目される。

制、与㆓解由㆒日、受領之官、署名已畢、任用之人、依㆑仮不㆑署。如㆑此之類、式・兵両省、依㆑例勘返。判官・主典、或仮或病、不㆑加㆓署名㆒、推㆓量其理㆒、公私無㆑妨。自㆑今以後、勿㆓更返却㆒。(解由状を後司から前司に交付する際、「受領之官」が署名していても、「任用之人」が休暇などで署名しなかった場合は、従来、解由状の提出先である式部省・兵部省は、これを受け取らなかった。しかし、判官や主典が休暇や病気のために署名しなくても、とくに大きな問題はないので、これからは受理することにする。)

この法令は、国司のみを対象としたものではないが、ともかく「受領之官」が交替する際に発給される解由に、「任用之人」、具体的には判官・主典の署名は必要でないと定めたものである。すなわち解由制度のなかで、「任用之人」の存在意義が小さくなったことをこの法令は示しており、逆にいえば解由制度の本質が、「受領之官」の交替を監査することにあったことが示されていると考えられる。ところでこの法令は、はじめて「受領之官」すなわち官長と、それ以外の「任用之人」を明確に区別したものであり、これ以後、国司のなかでの両者の区別が一層截然《せつぜん》としていく端緒をなすものである。そこで次項では、九世紀半ば以降の「受領」国司成立の過程についてみていきたい。

受領国司の成立

前項で述べた解由制度は、直接的には、国司交替時に諸国の官物(正税や官舎など)が失われるのを防ごうとする施策だった。これに対して、調庸など都におさめられるべき貢進物については、中央政府はどのような対策をとったのだろうか。

律令制当初の中央貢進物に対する監査は、貢進物自体とその品目・数量などを記した公文《くもん》とが同時に都にもたらされ、諸司で両者が照合されたあと、国に返抄《へんしょう》(受領証)が交付されるという形で行われていた。ところが、調庸物の未進が顕在化する九世紀前半以後、調庸物全納をまって返抄を発給するという制度は現実的ではなくなり、八五二(仁寿二《にんじゅ》)年、諸国からの貢調使《こうちょうし》▲は、未進があっても、公文勘会《かんかい》でそれが確認されれば帰国してもよいとする法令がだされた。未進の存在を前提としたうえで、公文の審査(勘会)が、貢進物輸納とは切り離された形で行われるようになるのである。さらにこの法令では、調庸物の未進について、「雖㆔違ㇾ式不ㇾ備責在㆓奉ㇾ使之小吏㆒、犯ㇾ法不ㇾ勤罪帰㆓執事之官長㆒」(法令を守らず調庸物を納入しない直接の責任は、貢調使を務める部下にあるが、その責任のおおもとは一国を管轄する官長に帰せられる)」と指摘しており、中央貢進物についても、官長にその責任が集中していく状況が示されている。

調庸物輸納と公文勘会の分離、両者における官長への責任集中という動きは、九世紀末に一つの到達点を迎える。まず八八八(仁和《にんな》四)年、大宰大弐《だざいのだいに》藤原保《やす》

▼**貢調使**　諸国から文書による業務報告を行うために毎年上京した四度使《しどし》(他の三つは税帳使《ぜいちょうし》・大《だい》帳使《ちょうし》・朝集使《ちょうしゅうし》)の一つ。調庸などを中央に納入する責務を負うとともに、調帳・庸帳・租帳をはじめとする租税に関する帳簿を持参して、民部省などによる勘会(審査)を受けた。

則《のり》▲の申請により、(1)現任の国司が前司以前の調庸物の未進を弁済する責務を免除する、(2)そのかわり、前司以前の未進額の一〇分の一を毎年の輸納額に加算する、(3)任期中に調庸物の未進があった国司の解由は返却する、という法令がだされた。この法令は、調庸物輸納と公文勘会を、国ではなく国司に、しかも国司官長の任期を単位として完結させる体制を整えたものであり、中央政府に対して一定額の租税輸納を請け負う存在としての受領は、ここにはっきりとその姿をあらわした。さらに八九〇(寛平《かんぴょう》二)年、調庸物輸納と公文勘会に関する実質的任期を前司任終年＋当任三年とし、八九三(同五)年には、八八八年の法令の(2)で定められた加算額が、累積未進の一〇分の一から年輸額の一〇分の一に改められ、八九六(同八)年には、任期中の調庸物などの輸納を証する公文として調庸惣返抄▲が成立するといった過程をへて、少なくとも中央政府との関係において、受領国司はこの時期に確立するのである。

▼**大宰大弐藤原保則**　八二五〜八九五年。南家出身。弁官・国司を歴任して実績をあげ、良吏として藤原基経《もとつね》・宇多《うだ》天皇に重用された。三善清行《みよしのきよゆき》の著になる『藤原保則伝』がある。大宰大弐は大宰府《だざいふ》の次官だが、この時期長官の帥《そち》は親王の名誉職になっていたので、実質的には長官として西海道《さいかいどう》諸国全体を統括していた。

▼**調庸惣返抄**　受領国司の任期中(正確には前司任終年＋当任三年)の調庸物全体に対して民部省が発行した受領証。返抄は、本来毎年の納入物について発行される原則だったが、未進の恒常化によってそれが困難となり、受領の任期を単位とする惣返抄の制度が生みだされた。したがって、惣返抄の発行は調庸物そのものの完納を意味するものではなく、未進の理由が正当だと認められれば発行された。

②―受領の任国支配

人的組織

本章では、中央政府に対する徴税請負人としての受領が、任国をどのように支配していったのかについて、さまざまな角度からみていくことにする。最初に任国支配のための人的組織を取り上げるが、その前提として、国司《こくし》官長《かんちょう》の受領化という動向のなかで、任用国司の行方について若干ふれておきたい。

結論を先に述べれば、受領国司の成立は、任用国司の国務からの排除という結果を生みだしたといえる。それを端的に示しているのが、元来任用国司がもっていた郡司《ぐんじ》などに対する処罰権を奪い、これを受領に委ねた八七九(元慶《がんぎょう》三)年の法令であり、この措置を提案した豊後守《ぶんごのかみ》藤原《ふじわらの》智泉《ちせん》の「一国興廃唯繋二官長一、庶務理乱非レ由二佐職一(一国が栄えるか衰えるかは、ただ官長の力量にかかっており、政務が円滑に行われるかどうかに、佐職《さしき》の存在は関係しない)」という言葉は、この時期の官長(受領)と佐職(任用)の関係を物語るものとして著名である。もちろん十世紀以後、任用国司が姿を消してしまうわけではなく、朝廷《ちょうてい》の除目《じもく》で▲

▼除目　本来は任官の結果を記した書類を除目または除書《じしょ》と称したが、これを作成するために行われる会議も除目と呼ばれるようになった。任用国司は、皇族・貴族が応募者から任料をとって推挙する年官という制度や、中央諸司がその六位以下の官人で一定の年労(在職年数)を満たした者を推挙するという方式などで任命される場合が多かった。

▼綱丁　一六ページ注「綱領郡司」参照。

は、毎回諸国の掾《じょう》以下が多数任命され続けるのであるが、彼らは国司としての俸給を受け取るべき者とのみ位置づけられ、しかも実際にはほとんど俸給は受けられなかったから、まったく有名無実の存在となっていった。

任用国司が国務から排除されていけば、受領は調庸輸納《ちょうようゆのう》をはじめとするさまざまな実務に従事する人員の確保を迫られることになる。そこで注目されるのが、八九五(寛平七《かんぴょう》)年の法令に引用された美濃《みの》国の申請である。それによれば、「租税調庸専当」「進官雑物綱丁《こうちょう》▲」に「郡司」や「土浪《どろう》▲」をあてるのが諸国の例であり、彼らは調庸などに未進《みしん》があれば、私物でこれを弁償しなければならないとされている。すなわち彼らは、受領に対して調庸などの輸納を請け負う存在であったわけであるが、同時に弁償が期待されているということは、それにたえうるような資力をもった「富豪之輩」でもあったのである。このように、受領は国内の「富豪之輩」を、国務運営のためのさまざまな業務に従事させようとしたのであるが、一方「富豪之輩」が受領の思惑どおりに働いたかといえば、そうではなかった。この時期の法令に頻繁にみられるように、彼らは中央の院宮王臣《いんぐうおうしん》家《け》▲と呼ばれた皇族・貴族などの従者となったり、衛府《えふ》の下級官人となったりし

▼**土浪**　土人《どにん》(その土地の戸籍に登録された者)と浮浪人のこと。八世紀末には、浮浪人は浮浪人帳という帳簿により、土人とは別枠で把握される体制が成立したが、これとほぼ並行して、その把握の方式の違いを問わず、同様に支配し、同じ負担を課すという政策もみられるようになった(不論土浪人政策)。したがって、本文の「土浪」は、租税輸納の責任にたえる者はすべてという意味である。

▼**院宮王臣家**　太上天皇《だいじょう》(院《いん》)や中宮《ちゅうぐう》・東宮《とうぐう》・親王《しんのう》・諸王、および五位以上の貴族らの家政機関をさす語。院宮王臣家はすでに八世紀から墾田《こんでん》開発などを通じて地方への勢力扶植につとめていたが、九世紀にはいると地方の新興勢力である「富豪の輩」と結びつき、国郡司による律令制的支配を脅かす存在として、政府の法令などで指弾されるようになった。

て、院宮王臣家などの権威をかさにきて、受領の命に従わない場合のほうがむしろ一般的だったのである。

そこで九〇二(延喜《えんぎ》二)年、政府は、院宮王臣家の従者《じゅうしゃ》や衛府の下級官人と称しながら、実際には職務を果たしていない者、つまり受領の命に従わない口実として、このような肩書きを用いている者を、受領が調庸輸納などの雑務に使役することを認めた。この法令によって、受領は国内の「富豪之輩」を、郡司(ただし十世紀以後、律令制で定められた郡司の職名はしだいに姿を消し、「郡老《ぐんろう》」「検《けん》校《ぎょう》」「行事《ぎょうじ》」などといったあらたな職名がめだつようになる)や雑色人《ぞうしきにん》と呼ばれるさまざまな職につけ、国務に従わせる法的根拠をえたのである。しかし一片の法令によって、「富豪之輩」が受領の従順な下僚となったわけではもちろんなく、依然として院宮王臣家などとの結びつきは断ち切れなかった。したがって、受領としては、一方では威嚇・懐柔などあの手この手を用いて「富豪之輩」を組織する試みを続け(逆に「富豪之輩」の側からすれば、国衙機構をみずからの利益を守るものへと換骨奪胎する方法が模索されることになる)、他方では、国内の「富豪之輩」とは異なる人員、具体的には都《みやこ》から引率した人びとを、みずからの支配を貫く手段として用いる必要性に迫られることになる。このうち前者は、十一世紀半ばごろに在庁官人制《ざいちょうかんじんせい》▲として一つの安定した形を生みだすことになるのであるが、ここでは後者の受領郎等《ろうとう》の問題についてみていきたい。

国司が親族・従者などを引率して任国に下向することは、すでに八世紀からみられるが、彼らが部内支配に一定の役割を果たすようになるのは、十世紀も半ばをすぎるころからである。受領の郎等は、その活動の内容から、以下の二つの類型に分けることができる。第一は、いわば暴力装置型とも呼べる郎等で、その代表が九八八(永延《えいえん》二)年の「尾張《おわりの》国《くに》郡司《ぐんじ》百姓《ひゃくせい》等《ら》解文《げぶみ》」▲にみえる、尾張守藤原元命《もとなが》の子息頼方《よりかた》をはじめとする人びとである。彼らは元命が都から引率してきた「有官散位従類同不善輩」と総称され、元命の非法を列挙した全三一カ条のうち、一四カ条にかかわっている。彼らは租税などの徴収にあたる使者として国内各地に出没し、不法な取立てを行い、接待や付届けを強要する、部内の人びとから牛馬をだましとり、物資運送のため人夫や駄馬を不法に要求する、検田を口実に国内諸所に佃《つくだ》(直営田)を設定し、その収穫をすべて懐にいれるなどの行為を働き、さらに人びとが元命に愁訴《しゅうそ》するのを防ぐため、元命の館《たち》(国司

▼**在庁官人制**　十一世紀以後の諸国の国衙で、行政の実務が現地の有力者に分掌されるようになった体制。在庁官人となったのは、この時期の各地で所領を形成していった開発領主(三六ページ注参照)で、在庁官人としての職務やそれに伴う収益も、彼らによってしだいに世襲されるようになった。

▼**「尾張国郡司百姓等解文」**　九八八(永延二)年、尾張国の人びとが当時の受領藤原元命の非法を三一カ条にわたって列挙し、その解任を政府に要求した文書。非法の内容は、租税の徴収、土地の占有、諸施設の維持など多方面にわたり、当時の受領による任国支配の内容を具体的に伝えている。しかし文章には、学者・文人などによって手が加えられたと考えられる漢文的修辞が多く含まれている。

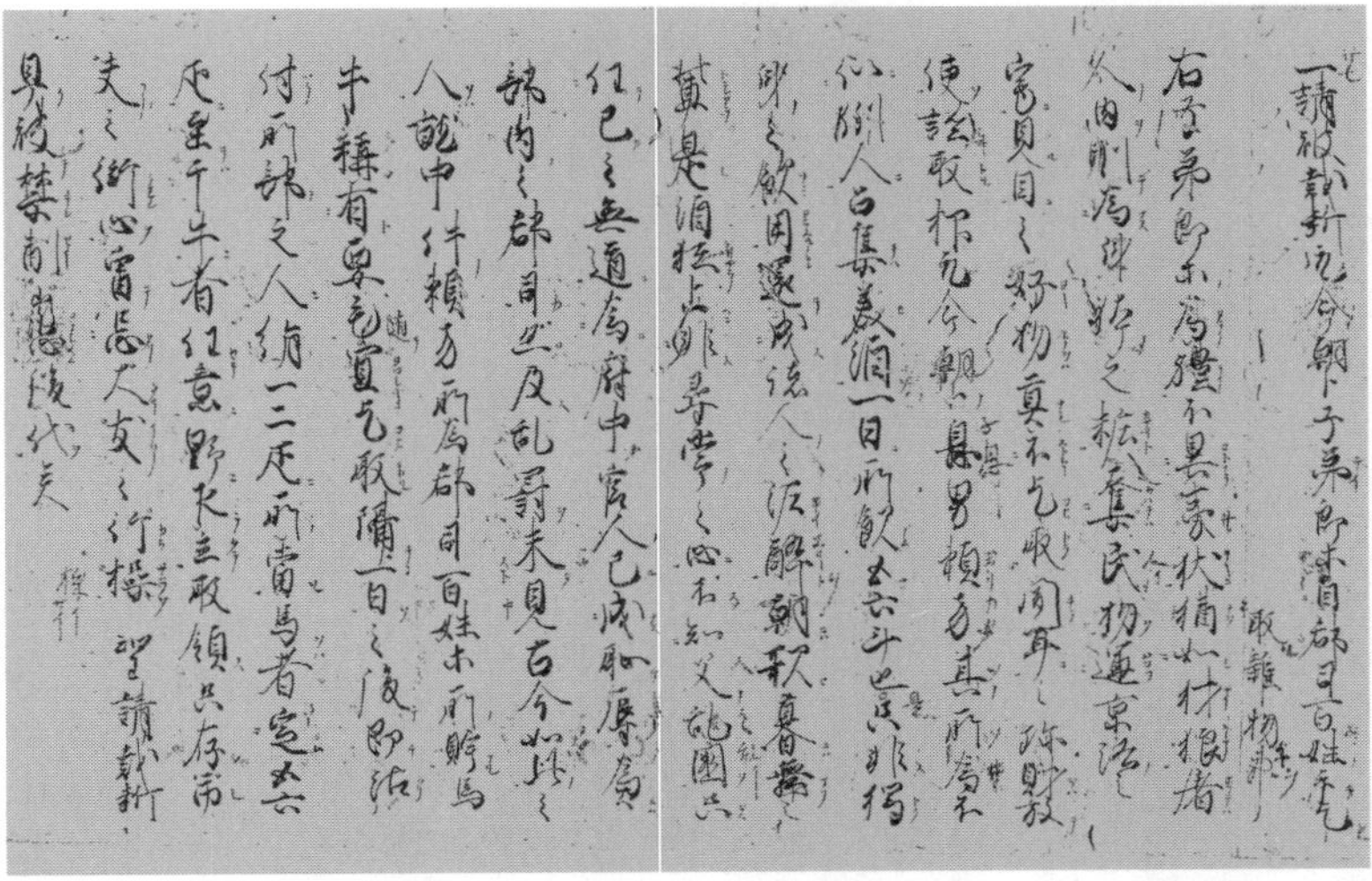

●─「尾張国郡司百姓等解文」　東京大学史料編纂所蔵本の一部。３行目で，国守藤原元命の子弟郎等は，夷狄や豺狼(やまいぬやおおかみ)に異ならないと非難している。

の官邸、カバー裏図版参照）の周囲を堅く警護していたとある。解文では彼ら郎等のことを、「不異二夷狄一、猶如二豺狼一（豺はやまいぬ）」とまで述べており、まさに受領の私的武力、任国支配の尖兵《せんぺい》として、現地の人びとに恐れられた存在だった。ちょうどこのころ、任国の人びとが受領の非法を朝廷に訴える国司苛政《かせい》上訴《じょうそ》が頻発するが、その主要な原因の一つには、こうした暴力装置型の受領郎等と任国の人びととのあいだに生じた摩擦があったのである。

もう一つの郎等の類型は、実務官僚型とも呼べるタイプであり、その典型は、十一世紀半ばに成立した『新猿楽記《しんさるがくき》』▲に理想的な受領郎等として描かれた四郎《しろうの》君《きみ》である。四郎君は、弓箭《きゅうせん》・算筆《さんぴつ》にともに優れ、受領とともに任国に下向して、さまざまな儀式や業務をとどこおりなくこなし、庁目代《ちょうもくだい》（受領のもとでの国衙《こくが》行政の最高責任者）として国務全般を取り仕切るだけでなく、税所《さいしょ》・田所《たどころ》・調所《ずしょ》▲など、国衙におかれたさまざまな業務分担組織の運営にあたり、検田使《けんでんし》・収納使《しゅうのうし》などの使者を務めるなど、多方面にわたって受領の任国支配を補佐する存在だった。その結果、朝廷の除目で受領が任命されると、四郎君は彼らから引っ張りだこになったと記されている。このように、四郎君は特定の受領に仕えるの

▼**『新猿楽記』**　十一世紀半ばごろ、文人藤原明衡《あきひら》によって著わされたとされる一種の職人尽しの書。西京《にしぎょう》の右衛門尉《うえもんのじょう》一家の猿楽見物という場面を設定し、一家の男女三〇人を多種多様な職能をもつ人びととして描いて、その生態を豊富な語彙を駆使して叙述している。

▼**税所・田所・調所**　これらは十世紀ごろから史料に登場する国衙の業務分担組織で、税所は官物の賦課・収納、田所は土地に関する帳簿の管理やそれに基づく所有関係・課税の有無の調査、調所は織物製品の収納や交易などを担当した。

ではなく、条件次第で数々の受領の郎等を務める人物、すなわち郎等のプロフェッショナルとして描かれている。

「尾張国郡司百姓等解文」に記された元命の子息頼方らと、『新猿楽記』に描かれた四郎君は、必ずしも受領郎等が二つの異なる種類に分かれていたことを示すものではなく、むしろ同じ存在の両極端の側面が強調されていると考えたほうがよいのかもしれない。しかしいずれにしても、十世紀後半から十一世紀にかけての受領の任国支配は、彼らが都から引率していった郎等の武力や実務能力なしには行いえなかったのである。

検田と土地把握

本項と次項では、受領が任国内の人や土地をどのように把握・支配し、そこから租税を徴収していったかについてみていく。

戸籍・計帳《けいちょう》・班田収授《はんでんしゅうじゅ》といった律令制《りつりょうせい》支配の根幹をなす諸制度が、九世紀を通じて動揺・崩壊していったことは周知の事実である。班田収授制は、本来の六年一班《いっぱん》という原則が維持できずに、しだいに間隔が広がり、結局九〇二

（延喜二）年度の班田を最後に、行われなくなってしまう。戸籍・計帳の作成は十世紀以後も続けられるが、一戸の構成が「一男十女」というような形骸化したものとなっていった。調・庸・雑徭《ぞうよう》など、律令制下の主要な租税・労役《ろうえき》は、成年男子を対象とする人身に賦課されるのが原則だったから、とくに戸籍・計帳制度の崩壊は、その原則の崩壊をも意味するわけで、九世紀以後、諸国では課税対象を人から土地に転換する必要に迫られ、その試みがいろいろな形で進行する。

たとえば、八二三（弘仁《こうにん》十四）年から四年間、大宰府《だざいふ》で試行された公営田《くえいでん》制では、管内の良田一万二〇〇〇町余を公営田とし、有力農民から「正長《しょうちょう》」を選んで一町以上の耕作を委ね、耕作に必要な経費や租料、耕作者が負担すべき調庸料を諸国が前もって正税を支出して負担し、収穫後にはこれらの諸経費を差し引いた一〇八万束余の穫稲を太政官《だいじょうかん》におさめるものとした。ここでは租だけでなく、耕作者の調庸が結果的には公営田の穫稲によってまかなわれている点が注目されるし、有力農民に公営田の耕作・経営を委ねている点も、後述する十世紀以後の負名《ふみょう》の制度へつながっていくものとみることができる。このほか、従来人別に貸し付けられていた公出挙稲《くすいこ》も、九世紀にはいると田積に応じて貸し付けられるのが一般的となっていったから、受領国司が登場する九世紀末の諸国では、租税の土地に対する賦課という動きは相当程度進行していたと考えられる。

したがって受領にとっては、国内の土地をどれだけ確実に把握するかが、任国支配の成否の鍵を握っていたといっても過言ではない。それでは受領はどのように国内の土地を調査し、把握したのだろうか。十世紀前半の状況については、史料が少なく、さまざまな議論もあって、わからない点が多い。ただしこの時期には、国図《こくず》という地図形式の帳簿が、土地把握の基準とされたらしい。国図は、それぞれの国で最後に行われた班田のために作成された田図《でんず》をもとにしたもので、国衙の土地把握の担当部署である田所に保管されていた。そしてこの国図を前提として、毎年見営使《げんえいし》▲という使者が諸所に派遣され、作付や収穫の状況を調査したうえで、租税の賦課が決定されたと考えられている。

しかし、国図はかなり以前の土地の状況を記したものだから、その後の変化、たとえばあらたな耕地の開発や荘園《しょうえん》の成立などに対応していくのはしだいに困

▼**見営使**　十世紀前半の史料にみえる国衙の土地調査にかかわる官人。調査の内容などについては不明の部分が多いが、その名称から考えて実際に作付された耕地の調査が本来の職務だったと考えられる。

難となっていく。そこで十世紀後半ごろになると、受領は国図にとらわれない、現実に即した土地調査を行うようになった。それを実際に担ったのが、前項の「尾張国郡司百姓等解文」や『新猿楽記』にも登場する検田使である。検田使が作成する帳簿は、彼が馬に乗って各地の土地を調査するところから馬《ば》上帳《じょうちょう》と呼ばれ、郡ごとに田畠の位置・面積、作付の有無、収穫の有無、作人などが記載された。この馬上帳を集計した帳簿が検田目録であり、土地の帰属や租税を免除するかどうかなどは、この検田目録作成の時点で確定したらしい。

租税制度と中央への納入システム

十世紀にはいると、諸国の租税は、それぞれ官物《かんもつ》・雑役《ぞうやく》（臨時雑役）と総称される二つの系統で構成されるようになっていった。官物は、旧来の租《そ》・地子《じし》・出挙利稲などからなり、田率《でんりつ》に賦課されていた。一方雑役は、調・庸・交易雑物・雑徭の代物▲などであり、十世紀半ばごろまでは、まだ多くの国で人別に賦課されていたらしい。

このような租税賦課のあり方は、十世紀後半から十一世紀にかけて二つの点

▼**雑徭の代物**　律令制下の雑徭は、国郡司が成年男子を対象として、国内の造営工事や中央への貢進物の生産など種々の労役に徴発するものだった。雑徭相当分を物で代納することは、九世紀までは京内の徭銭以外認められていなかったが、雑徭が臨時雑役に吸収されるころには、代納は相当程度進行していたと考えられる。

で変化していく。第一は、雑役系統の諸税がしだいに田率に賦課され、租税の田率賦課が確立する点である。前々項でみた「尾張国郡司百姓等解文」では、当時尾張国の調は、田一町四段《たん》につき代米四石八斗を徴収し、これを絹一疋《いっぴき》に交易する定めとなっており、十世紀末には調が田率に賦課されていたようすがうかがえる。第二は、雑役系統が田率賦課に移行するのにともない、官物・雑役と総称された諸租税が、官物という一つの税目にまとめられていく点である。

たとえば、かなりのちの史料であるが、一一二二（保安《ほうあん》三）年の伊《い》賀《が》国の文書では、「国内官物率法」として、公田《こうでん》には段別に見米《げんまい》▲三斗・准米《じゅんまい》▲一斗七升二合（実際には絹で徴収）・油一合・見稲一束・穎《えい》二束が列挙されている。これらには十世紀半ばまでの官物・雑役と総称された諸税が含まれており、それらが「官物」という一つの税目によって賦課されているのである。これに関連して、右の史料にもあるように、見米三斗という額が全国一律の基準として十一世紀半ばには定められた。

このように、受領支配下の諸国では、官物を柱とする租税体系が整備されていったわけだが、受領は官物などを実際にはどのように徴収していたのだろう

▼見米・准米　十世紀以後の官物についてよくみられる表現で、見米は実際に米で徴収されるもの、准米はほかの品目で徴収されるが、その価値を米で表示したものである。このほかに准絹・准穎（穎は穂先に付いたままの籾）という形で表示する場合もあった。

か。この問題を考えるうえでしばしば引用されるのが、九三二(承平《じょうへい》二)年、丹《たん》波《ば》国が多紀《たき》郡にあった東寺《とうじ》領《りょう》大山荘《おおやまのしょう》(現兵庫県丹波篠山《たんばささやま》市〈旧丹南《たんなん》町〉)の預《あずかり》(荘《しょう》官《かん》)について、東寺にあててだした文書である。この文書がだされる以前、丹波国は大山荘の預である僧平秀《へいしゅう》・勢豊《せいほう》の稲を差し押さえたため、それをやめるよう東寺が抗議していた。これに対して丹波国は、平秀らの居住する余部《あまるべ》郷の調絹は、「堪百姓《かんびゃくしょう》」の「名《みょう》」から徴収するのを例としており、平秀らもその「堪百姓」であるが、調絹の徴収に応じないので彼らの稲を差し押さえたのだと弁明している。「堪百姓」とは、租税負担にたえうる百姓の意味で、「名」の租税を納入する存在であることから「負名」とも呼ばれ、実質的にはそれぞれの地域の有力農民、すなわち「富豪之輩」と考えられる。「名」は、したがって「堪百姓」「負名」が納税の責任を負う田地であり、そのなかには彼ら以外の農民が耕作・経営する田地も含まれていたと思われるが、受領は直接的には「堪百姓」「負名」から「名」の規模に応じた租税を徴収していた。このように受領による租税徴収は、「名」を単位とし、「負名」にその「名」からの租税納入を請け負わせるという形で行われており、右のような租税徴収のあり方は負名体制と呼ばれている。

▼**開発領主**　十世紀後半以後、未開地の開墾などによって所領を形成していった領主のこと。彼らは受領から所領に対する権利を、郡司《ぐんじ》職・郷司《ごうし》職・保司《ほうし》職といった形で認められ、在庁官人(二七ページ注参照)としても活動した。開発領主は、所領を名田《みょうでん》という徴税単位に分割編成し、その耕作を請け負う名主から年貢などの租税を徴収した。

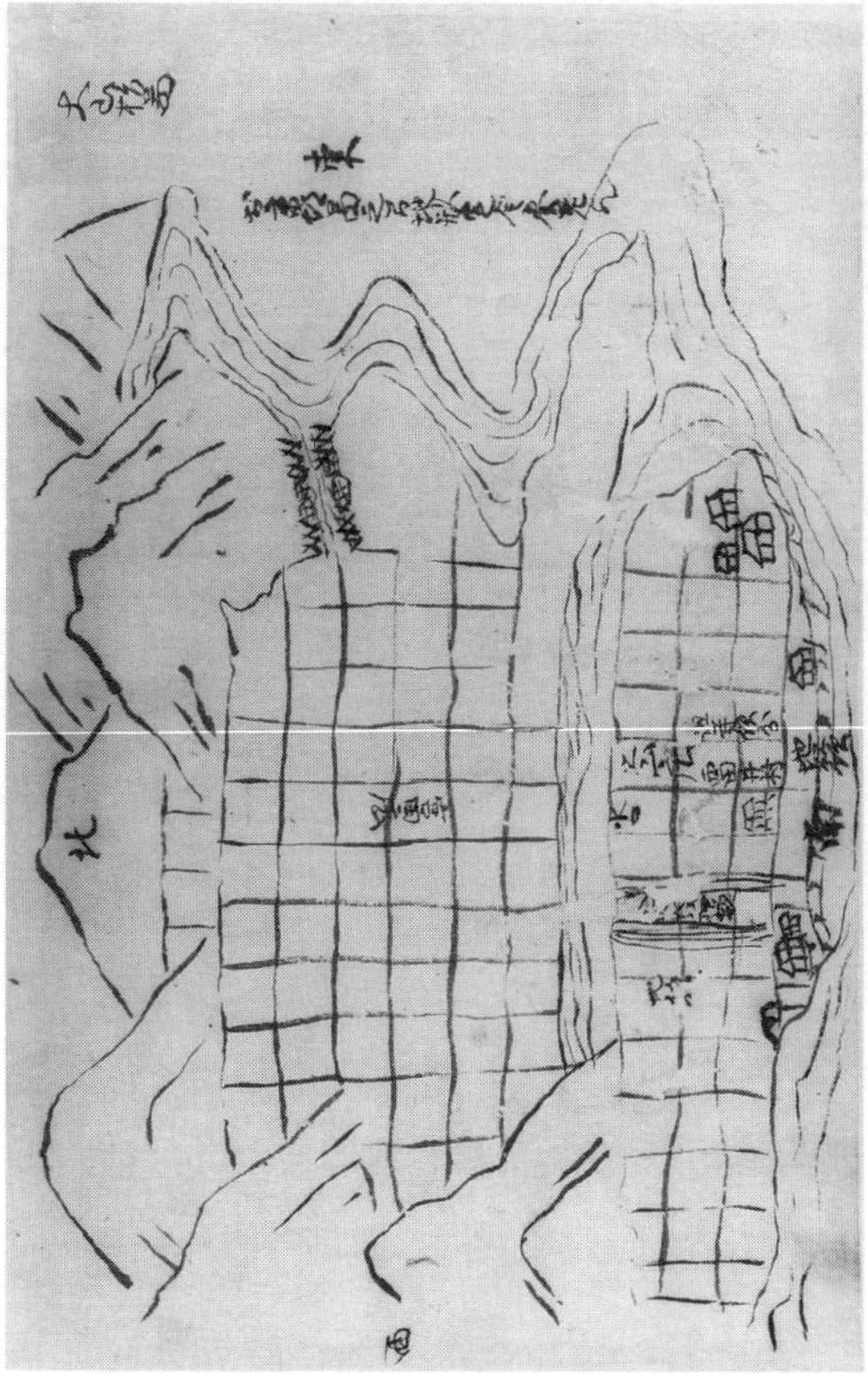

●──**1308(徳治3)年東寺領丹波国大山荘用水指図**　鎌倉時代後半の大山荘のようすを描いた絵図。南側3分の1ほどが大山荘で，北側には近衛家領の宮田荘があった。

負名体制は、郡司の伝統的支配力に依存して行われていた律令制《りつりょうせい》下の租税徴収のあり方に比べれば、受領(国司)が生産者の少なくとも一部を直接把握し、そこから租税を徴収している点で、任国支配の強化と評価できる。しかし負名は、丹波国の例でも明らかなように、中央の院宮王臣家や寺社とも結びついている存在だったから、このような租税徴収の体制は必ずしも安定したものではなかった。そこで受領は、十一世紀後半以後、あらたに成長してきたいわゆる開発領主▲層を軸とした徴税制度を再構築していくことになるのである。

さて任国内では、租税は負名体制に基づき官物・雑役として徴収されたのであるが、これを中央に納入する際には、律令制以来の調・庸・交易雑物などのほか、十世紀以後朝廷から諸国にあらたに賦課されるようになる率分《りつぶん》・永宣旨《えいせんじ》料物《りょうもつ》・行事所召物《ぎょうじしょめしもの》▲などの名目で、あるいは臨時の賦課に応じる形で、諸所に納入した。したがって、受領は任国から官物・雑役として徴収したものを、中央の朝廷や封戸《ふこ》の所有者である院宮王臣家・寺社などが要求する税目・用途にしたがって随時進納できるような体制を整える必要があった。

その際に重要な役割を果たしたのが、受領が都やその周辺においた私的な倉

▼率分・永宣旨料物・行事所召物 率分は、調庸の未進累積にともない、年料の一割(のち二割)を別途おさめるもので、正蔵《しょうぞう》率分ともいう。永宣旨料物は、宮中の仏事などの費用を、恒常的に諸国に賦課したもの。行事所召物は、行幸《ぎょうこう》・大嘗会《だいじょうえ》などの大規模な臨時行事の際、行事の運営にあたる行事所から、その費用を諸国に賦課したものである。これらの諸賦課は、従来の調庸など(これらは年料と呼ばれた)の進納状況が悪化した十世紀後半ごろ、あいついで成立した。

庫である納所《なっしょ》と、その管理・運営にあたった弁済使《べんさいし》である。納所は、徴収された租税を集め、都に積みだす拠点として、任国内の港湾など交通の要衝にもおかれたが、都やその周辺の納所は、米・絹などで送られてきた租税が一時保管される場所であった。この納所を管理した弁済使は、いわば受領の在京目代▲ともいうべき存在であり、租税の諸所への進納、租税にかかわる公文《くもん》の処理などのほか、納所にたくわえられた米・絹などを代価として、朝廷などの要求する他の品目と交易する業務にも携わっていたと考えられる。

さらに十一世紀初めの公卿《くぎょう》の日記には、その公卿が当座必要とする物品を弁済使から借用しているという記事もみられ、弁済使の幅広い活動のようすがうかがえる。本章第一項で紹介した『新猿楽記』の四郎君の記事には、弁済使という語こそみえないが、馬や船などの交通・輸送手段をたくみにあやつり、都と地方を自在に往来していたとされている点、民をそこなうことなく朝廷への租税納入の責任を果たし、受領に損をさせずにみずからの利益もはかり、その結果、北は陸奥《みちのく》の駒から、南は鎮西《ちんぜい》の米にいたるまで、日本全国の特産物を手中にしていたとされている点などから、弁済使としてもまさに適任の人材だった

▼**在京目代**　受領が私的に任命した代官を目代と呼び、任国におかれた留守所《るすどころ》で在庁官人などを指揮・統括して国務にあたる者を庁目代(二九ページ参照)というのに対して、在京して朝廷や貴族などへの納入物に関する業務に携わる者を在京目代と称する。

といえよう。

ともかく、受領は都周辺の納所を弁済使に管理・運営させることによって、朝廷などへの物品進納を円滑に行うことができたのだが、このシステムについては、もう一つ注目しなければならない点がある。それは納所があくまで受領の私的な倉庫であり、弁済使も受領が私的に任命した部下だったということにかかわる点である。すなわち納所には、朝廷などに納入する予定の物品だけではなく、受領がみずからの懐にいれる予定の物品も含まれていたし、右の四郎君の記述にもあるように弁済使の私財になっていくものもあったと考えられる。そして、これらは納所に運び込まれ、保管される際に、截然と区別されていたのではなく、おそらく単に任国から取り立てたもの、あるいはそれを元手に交易して入手したものとして、実際には渾然一体のものだったと考えられるのである。

受領は、朝廷などに一定額の租税の納入を請け負う存在で、これら納入物以外の任国で徴収したものは、みずからの富として蓄積できたといわれるが、納所と弁済使は受領の私富蓄積という面でも、その鍵を握る存在だったのである。

③ 摂関政治と受領

受領の任命と赴任

受領《ずりょう》国司《こくし》が誕生し活躍した時期は、中央の政治のあり方でいえば、摂関《せっかん》政治の時期とほぼ重なる。そこで本章では、この時期の中央の政治を担った摂関や公卿《くぎょう》と受領との関係についてみていきたい。

まず受領の任命方式を通じて、摂関・公卿と受領との関係を探っていく。この時期、朝廷《ちょうてい》の主要な官職は、除目《じもく》という会議で定められた。除目は、天皇の日常の居所である清涼殿《せいりょうでん》に公卿が参集し、天皇や関白《かんぱく》・公卿が見守るなかで、除目の主宰者である執筆大臣が、欠員の生じた官職を列挙した大間書《おおまがき》という書類に、任官者を記入していくものである（摂政《せっしょう》が在任するときは、摂政の執務場所に公卿が参集して行われる）。任官の方式は官職によってさまざまであるが、受領の場合は、十世紀後半の儀式書『西宮記《さいきゅうき》』▲などによれば、顕官《けんかん》（一二ページ注参照）と同じく「挙《きょ》」という方式で任命された。「挙」とは公卿による推挙という意味で、恒例除目と臨時除目では、その方式に多少違いがある。すなわち恒例除目

▼『西宮記』　安和《あんな》の変《へん》で失脚した源高明《たかあきら》（九一四〜九八二年）が著わした儀式書。西宮は高明の邸宅の呼称。前半は恒例の年中行事、後半は臨時の行事や諸官司での政務の作法などからなる。

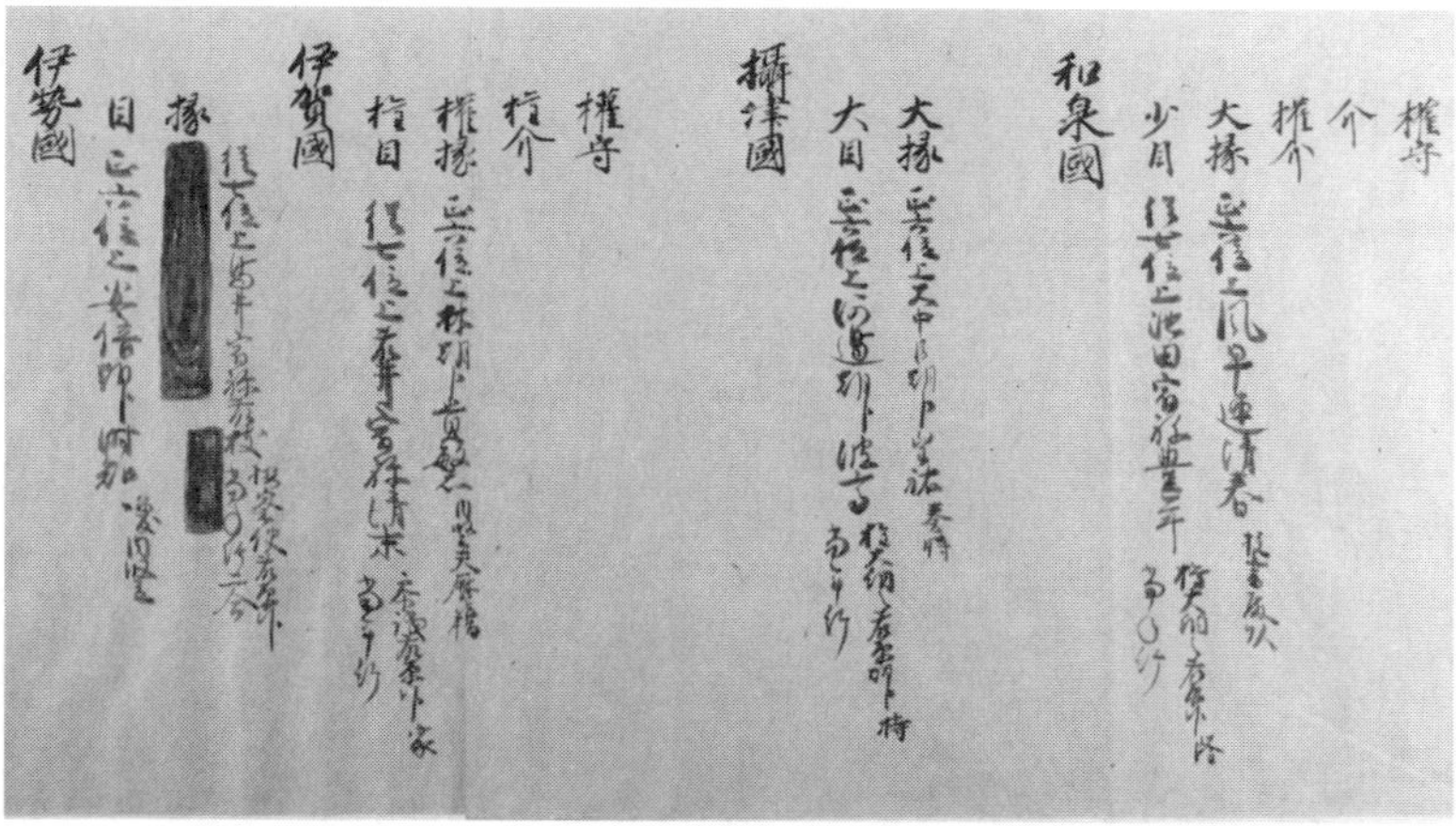

●—大間書　1429(正長2)年の大間書の写し。国名や官名はあらかじめ記されており，除目の会議で任官者が決定されるに従い，その下に姓名や任官事由が記入されていく。

●—申文を書く橘直幹《なおもと》(『直幹申文絵巻』)　954(天暦8)年に民部大輔を望んだ橘直幹が提出した申文にまつわる奇譚を描いた絵巻物。

の場合は、公卿一人ひとりが、受領を任命すべき国を列挙した書類に、ふさわしいと考える人物の姓名を記入して天皇に奏上し、臨時除目の場合は、受領任官を希望する申文《もうしぶみ》▲が天皇から公卿にくだされ、公卿の合議により、そのなかから適任と思われる者数人を推挙し、天皇に奏上した。

ただし「挙」といっても、公卿は無限定に受領候補者を推挙したわけではなく、九世紀末ごろ、すなわち受領国司が登場した当初から、受領に任命される資格というべきものが存在していた。まず、はじめて受領になるための資格をもったのは、六位蔵人《くろうど》・式部丞・民部丞・検非違使尉《けびいしのじょう》・外記・史などの官職（これらは上記の顕官とほぼ重なる）を務めたあとに叙爵《じょしゃく》▲した人びとで、これらを「新《しん》叙《じょ》」と呼んだ。一方、すでに受領を経験した者は「旧吏《きゅうり》」と呼ばれ、任期中に租税の進納などに関する公文の審査をパスした「任中《にんちゅう》」、任期終了後、一定期間の内に審査をパスした「得替《とくたい》（合格）」の順に、受領に再任される資格をもつとされていた。もちろん「新叙」「旧吏」ともに、一回の除目で任命される受領のポストの数倍は存在したから、結局公卿の「挙」は、このような有資格者を一定程度絞り込むという働きをもっていたといえる。受領人事の最終的な権限は天皇や摂

▼**申文**　官人がみずからの叙位・任官を申請した文書。摂関期においては、申文と、叙位・任官に関する先例などを調査した勘文《かんもん》とが、叙位・除目の基本的な資料として用いられた。

▼**叙爵**　六位または無位から従五位下に叙位されること。

関が握っており、彼らの判断で「新叙」「旧吏」以外の者が任命される場合もあって、公卿たちの意向がそのまま反映されるとは限らなかったが、以上のような手続は、除目で任命される他の官職に比べれば、受領人事に公卿の関与する度合が大きかったことを示している。

任命された受領は、一定の期限のうちに任国《にんごく》に赴任することが義務づけられていたが、赴任にあたっては、天皇にその挨拶を行った。これを罷申《まかりもうし》という。罷申を奏上した受領に対して、天皇は禄《ろく》▲をあたえ、受領としての務めによっては任期終了ののちに賞（具体的には位階）をあたえること、任国を興復すべきことなどを命じた。さらに受領は、摂関や公卿のもとにも赴任の挨拶に向かい、彼らからも餞別として禄をあたえられた。

また受領は多くの場合、任命後ほどなく、「諸国申請雑事《しょこくしんせいぞうじ》」といって、任国の政務について種々の申請を行った。天皇に奏上された申請の書類は、公卿の会議である陣定《じんのさだめ》（五二ページ参照）にくだされ、そこでの公卿の意見がふたたび奏上されて、天皇はこれを参考に、受領の申請を裁可するかどうかを決めた。具体的事例として、一〇〇五（寛弘《かんこう》二）年四月十四日に行われた諸国申請雑事に対

▼禄　官人にあたえられる物品の総称で、位禄・季禄など官人の位階・官職に応じて定期的に支給されるものと、天皇からの恩恵として臨時にあたえられるものとがあった。受領罷申の際の禄は後者で、品目は大褂《おおうちき》・衾《ふすま》などであった。

▼**藤原高遠** 九四九〜一〇一三年。実頼《さねより》の孫、斉敏《ただとし》の子で、『小右記《しょうゆうき》』の記主実資《さねすけ》の同母兄にあたる。歌人として著名で、このとき大宰大弐として赴任する途中でよんだ歌が、私家集『大弐高遠集』におさめられている。しかし一〇〇九(寛弘六)年、筑後守菅野文信《ちくごのかみすがののふみのぶ》の訴えにより、大弐の任を停止されている。

▼**橘忠範** 系譜未詳。『御堂関白記《みどうかんぱくき》』寛弘三(一〇〇六)年六月五日条には、上野国から忠範が没したという五月二十一日付の報告が道長のもとにもたらされている。

●——1005(寛弘2)年4月14日の諸国申請雑事定における申請内容と公卿の意見

人名	申請内容	公卿の意見
大宰大弐 藤原高遠	①大宰府管内の神社・仏寺の修造	その由は先年諸国に命じたが，重ねて太政官符をくだす(許可)
	②大宰府の出納所司が，当任の貢上物で往年の未進を補塡することの停止	[左大臣藤原道長ほか1人]往年の未進から順におさめよ(不許可) [右大臣藤原顕光ほか7人]停止を認めた先例あり(許可)
	③大宰府へおさめる租税の違期・未進があった国司の職務を停止	すでに制定されている処罰で対処せよ(不許可)
	④中央へおさめる調の絹と率分の雑染絹・綿の連用絹での代納	先例あり(許可)
	⑤当年より任期を計算(高遠は前年末任命)	式の規定により認める(許可)
上野介 橘忠範	①朝廷や封戸の主におさめる調庸布などの代銭納	当国には先例なし(不許可)
	②周辺諸国に対する押領使任命の太政官符の交付と随兵20人の下賜	先例により許可すべし(許可)
	③隣国の国司・随兵・郎等の越境などを停止する太政官符の交付	制止の太政官符をくだすべし(許可)
加賀守 藤原兼親	①2カ年の給復(租税免除)	加賀国はとくに亡弊のようすはなく，先例もない(不許可)
	②朝廷や封戸の主におさめる調の代銭納	申請された絹と銭の換算率が先例に照らして不当(不許可)
因幡守 橘行平	①封戸の主におさめる調絹・庸綿の代銭納	調絹については先例があるが，庸綿については先例がない(許可・不許可)
	②1カ年の給復	因幡国は前任者が復興したとの報告がある(不許可)

谷口昭「諸国申請雑事」(『中世の権力と民衆』)の表を一部補訂。

する陣定の結果を記した文書が残されているので、これを簡単に紹介してみたい。

この日の陣定では、大宰大弐藤原高遠《だざいのだいにふじわらのたかとお》▲・上野介　橘　忠範《こうずけのすけたちばなのただのり》▲・加賀守《かがのかみ》藤原兼親《かねちか》▲・因幡守《いなばのかみ》橘行平《ゆきひら》▲の四人、計一二カ条の申請について審議されている。なお、右の四人のうち、任命時点が未詳の上野介橘忠範を除く三人は、この年正月の恒例除目、または前年十二月の臨時除目で任命されたばかりの者である。

内容としては、部内の神社仏寺の修造、租税の納入方法の変更、一定期間の租税免除▲、部内の治安維持などに関するもので、一カ条のみ公卿の意見が分かれたが、残りの一一カ条については意見が一致し、許可されたもの五カ条、不許可となったもの六カ条(一部許可一条を含む)となっている。陣定での公卿の意見も、前述の受領の「挙」と同様、あくまで参考意見で、最終的な決定は天皇がくだすのであるが、基本的に陣定の結果は尊重されたから、受領の申請は必ずしもそのままとおるとはいえず、むしろ公卿の意見に相当制約されていたと考えることができる。

以上、受領の任命や任命後の「諸国申請雑事」についてやや詳しくみてきたが、

▼**藤原兼親**　藤原麻呂《まろ》を祖とする京家《きょうけ》出身。長胤《ながたね》の子。加賀守《かがのかみ》の前官は少納言《しょうなごん》で(『御堂関白記』寛弘元〈一〇〇四〉年九月九日条)、今回の諸国申請雑事定の約一カ月半前、一〇〇五(寛弘二)年二月二十八日に、任地に向けて都《みやこ》を出発している(『小右記』同日条)。『御堂関白記』寛弘四(一〇〇七)年正月二十二日条によれば加賀国で死去したらしい。

▼**橘行平**　敏政《としまさ》の子。文人として著名な好古《よしふる》の孫にあたる。この年の三月ごろ、因幡国に赴任するようすが、本書表紙の『因幡堂縁起《いなばどうえんぎ》』に描かれている。しかし一〇〇七(寛弘四)年、行平は因幡介因幡千兼《ちかね》(千里とも)を殺害したかどで任国の百姓らに訴えられ、因幡守の任を解かれた。

▼**租税免除**　直接的には任国内に対する免除であるが、これが許可されれば結果的に受領の中央に対する納入物も減少する。

これらを通じてわかるのは、受領というものの存在が、天皇や摂関だけでなく、公卿全体から、さまざまな面で制約を受けているという点である。たしかに律《りっ》令制《りょうせい》下の国司に比べて、受領の任国支配に対する裁量の度合はかなり大きいといえるが、一方でその受領を、公卿を含めた中央の権力者たちが、全体として統制する仕組みが、摂関期には存在していたのである。

受領功過定

公卿による受領の統制という点では、受領の任期終了後、その勤務成績を審査する受領功過定《こうかさだめ》が著名である。そこで本項では、受領功過定の特徴や意義についてみていきたいと思う。

九世紀末に、調庸物輸納《ちょうようぶつゆのう》と公文勘会《くもんかんかい》を国司官長《こくしかんちょう》(受領)の任期(実質的には前司任終年＋当任三年)を単位として把握する体制が成立すると、受領の任期中の成績を審査し、その成績に応じて受領を勧賞するというシステムが形成されていく。前項で述べた、罷申に際しての天皇の勧賞の「仰せ」も、ちょうど十世紀初めごろから史料にあらわれるが、任終後の成績審査の制度は、主計寮《しゅけいりょう》・主税《しゅぜい》

▼率分・斎院禊祭料・新委不動穀
率分は三七ページ注参照。斎院禊祭料は、賀茂《かも》神社の祭祀に奉仕する斎院(賀茂斎王《さいおう》)が、毎年四月の賀茂祭にさきだって行う禊祭と、祭当日に必要な経費を、特定の諸国を指定しておさめさせるもので、十世紀後半には制度化されていた。不動穀は、本来諸国の不動倉に非

寮《りょう》での公文審査の状況を記した大勘文を、公卿による受領功過定の場で審議するよう命じた九一五(延喜《えんぎ》十五)年の宣旨《せんじ》で成立する。ついで九四五(天慶《てんぎょう》八)年には、功過定の審査資料として勘解由使大勘文が加えられるが、これは任国にたくわえられた正税《しょうぜい》・不動穀《ふどうこく》などの欠損状況を記したもので、以後、功過定では中央への納入物と任国の官有財産の双方が審査の対象となった。さらに十世紀後半には、率分《りつぶん》・斎院禊祭料《さいいんけいさいりょう》・新委《しんい》不動穀▲などの項目が審査対象に加えられ、受領功過定は制度的に完成する。

つぎに、『西宮記』『江家次第《ごうけしだい》』▲などの儀式書によって、受領功過定の次第をみていきたい(四八ページ表参照)。まず任期をおえた受領が、公文審査などに合格した由を記し、加階《かかい》・給官《きゅうかん》にあずかることを申請する功過申文(加階給官申文ともいう)を提出する。功過申文は天皇から定の上卿《しょうけい》▲にくだされ、上卿は主計寮・主税寮・勘解由使に申文の内容の真偽を確認する書類(合否続文《つぎぶみ》)を添付させた。一方、主計寮・主税寮・勘解由使は、これとは別に大勘文を作成して、天皇に奏上、天皇はこれらの書類を上卿にくだして、功過定を行うことを命じる。定の場では、公卿が申文と大勘文を照合しながら受領の成績について討議

常用に備蓄されていた稲穀のことであるが、八世紀半ばごろから不動開用《かいよう》といって中央への貢進物の財源にあてられるようになり、十世紀にはいるころには全国で無実(不動用尽《ようじん》)となった。そこで九六四(康保元)年、不動穀をあらたに蓄積するという名目で新委不動穀の制度が設けられたが、それはあくまで名目で、実質的には中央の財源にあてられた。

▼**『江家次第』**　十二世紀前半、大江匡房《まさふさ》(一〇四一〜一一一一年)が著わした儀式書。

▼**上卿**　朝廷の儀式・行事を主宰・執行する公卿。その儀式などに参列する最上位の公卿が務める。

▼『北山抄』　十一世紀前半、藤原公任が著わした儀式書。全一〇巻。公任自筆の稿本が伝わる巻十の吏途指南は、功過定をはじめとする受領に関連する政務について、公卿が心得るべき事柄を述べたものであり、摂関期の受領のあり方や、それに対する公卿の姿勢をうかがうことのできる貴重な史料である。

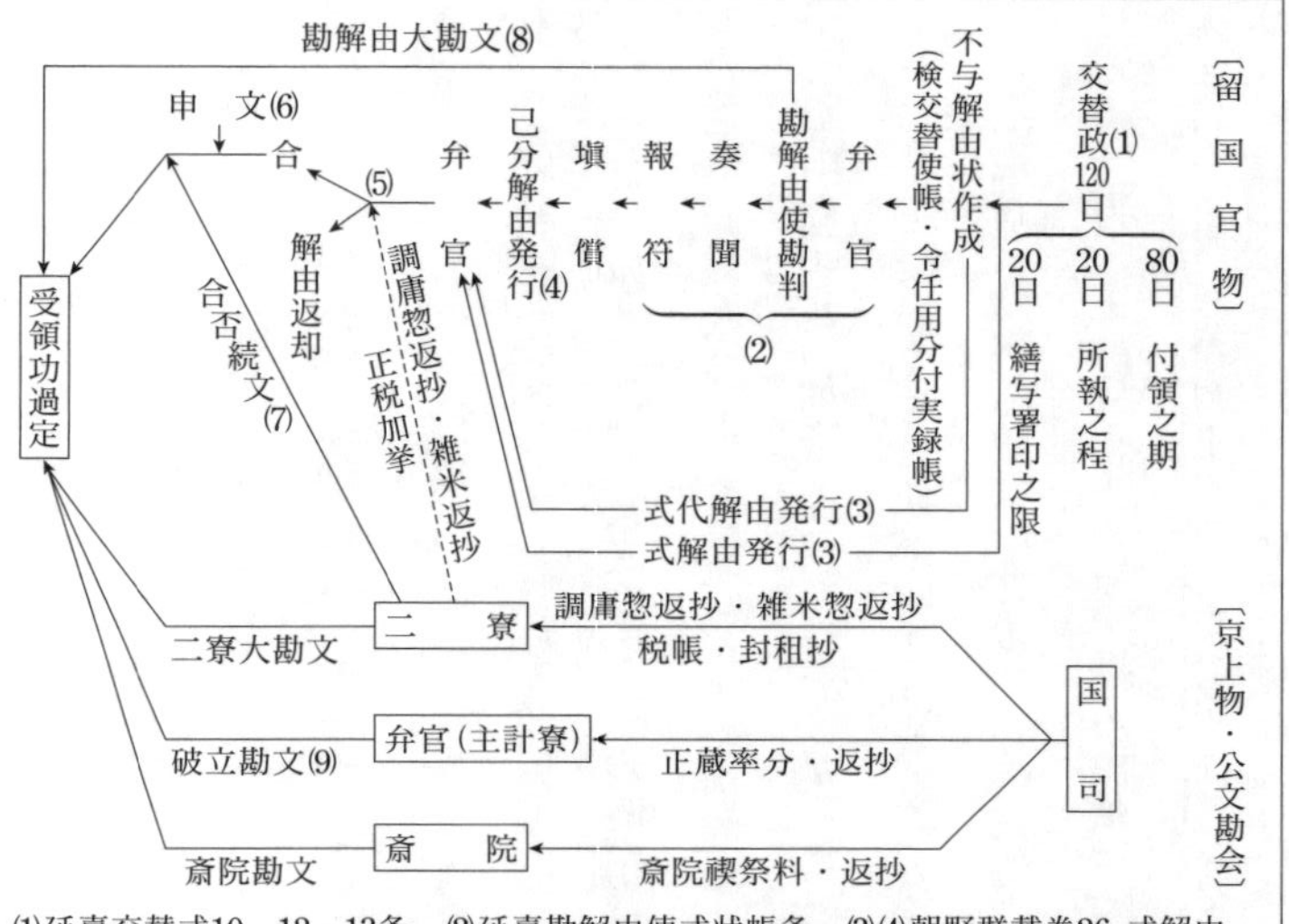

(1)延喜交替式10・12・13条，(2)延喜勘解由使式状帳条，(3)(4)朝野群載巻26 式解由・式代解由・己分解由，(5)延喜交替式86・96・131条，(6)朝野群載巻28 功過申文，(7)同前 主計寮合否続文，(8)政事要略巻28 天慶8年正月6日宣旨，(9)侍中群要第6奏報事・朝野群載巻28 主計寮率分数之勘文・功過時率分所勘文。

●—受領の交替から功過定までのプロセス（佐々木恵介「摂関期における国司交替制度の一側面」〈『日本歴史』490〉を一部修正）

し、問題がなければ一定の基準(『北山抄《ほくざんしょう》』▲吏途指南《りとしなん》、加階事参照)により、加階などの勧賞を決定した。

以上が受領功過定の次第の概要であるが、ここで十一世紀初めの実例を一つ紹介し、功過定の特徴をさらに考えてみたい。取り上げるのは、藤原実資《さねすけ》の『小右記《しょうゆうき》』▲に記された一〇一四(長和《ちょうわ》三)年正月と十月に行われた受領功過定である。これについてはすでに諸氏も検討されているが、改めてその内容を簡単に紹介する。

まず正月二十二日から二十四日までの恒例の春除目の場で、実資を上卿として功過定が行われている。定の内容がある程度わかるのは、一〇一〇(寛弘七)年に任をおえた備後守《びんごのかみ》源《みなもとの》政職《まさもと》▲と、前年末に任期を終了した伊予介《いよのすけ》藤原広業《ひろなり》▲(守は公卿が兼任しており、介が受領)である。政職については、後司《こうし》からまだ不与解由状《ふよげゆじょう》があたえられていないにもかかわらず、功過申文が公卿のもとにくだされ、主計寮なども合否続文を添付してしまっている点を上卿実資が問題にしたが、他の公卿からすでに功過を定めよとの仰せがくだされている以上、審議の対象とすべきだとの意見がだされ、審議されることになった。ただし功過

▼『小右記』　藤原実資(九五七〜一〇四六年)の日記。名称は実資が小野宮右大臣《うだいじん》と呼ばれたことによる。摂関政治全盛期のもっとも詳細かつ正確な記録として史料的価値がきわめて高い。

▼源政職　?〜一〇二〇年。光孝《こうこう》源氏《げんじ》。国盛《くにもり》の子。備後守に任命されたのは一〇〇六(寛弘三)年。その後、一〇一二(長和元)年には加賀守に任命され、その年の九月には任国の郡司《ぐんじ》・百姓らに非法三二カ条を訴えられている。

▼藤原広業　九七七〜一〇二八年。有国《ありくに》の子。紀伝道《きでんどう》の学者出身で、一〇〇八(寛弘五)年文章博士《もんじょうはかせ》となり、のちに従三位参議《さんぎ》にいたる。伊予介に任命されたのは一〇一〇(寛弘七)年。

はこのときには定められず継続審議となっている。一方、広業については、主税寮大勘文に封租抄《ふうそしょう》▲が載っていないことを、中納言《ちゅうなごん》藤原行成《ゆきなり》や大納言《だいなごん》藤原公任《きんとう》が問題とし、これも決着せず継続審議となった。

両者の功過定は、同年十月十五日の京官除目の場で再度行われ、政職は無過《むか》▲、広業についても、中納言行成の確執は広業が敦康親王《あつやすしんのう》▲の封戸物をおさめなかった恨みによるためで、左大臣道長《さだいじんみちなが》からその主張には無理があるとたしなめられたこともあって、結局無過となった。なお、行成が広業の功過定にこだわったのは、彼が敦康親王家の別当《べっとう》を務めていたためと思われる。また、功過定では問題にされていないが、広業も源政職と同様、後司から不与解由状をえておらず、これによって同年十一月の東宮敦成親王《とうぐうあつひら》(道長の外孫)の読書始《どくしょはじめ》▲で、博士の役を務められなくなり、道長が憤慨するという別の問題を引き起こすこととなった。

右に述べてきたような受領功過定の次第や実例の検討を踏まえ、その特徴や意義を考えてみたい。国司が律令制的な地方官から受領へと変貌するなかで、受領功過定がその動きに対応した国司監察制度の柱として重要な意義をもった

▼**封租抄**　封戸《ふこ》の租をおさめたことを証明する領収証。

▼**無過**　審議をパスして勧賞の対象となるということ。

▼**敦康親王**　九九九〜一〇一八年。一条《いちじょう》天皇第一皇子。母は皇后藤原定子《ていし》。定子の兄伊周《これちか》が失脚したのち誕生したため、皇太子には立てられず、母の死後は中宮《ちゅうぐう》藤原彰子《しょうし》(道長の娘)に養育された。

▼**読書始**　貴族の子がはじめて書物を読む儀式。天皇・東宮などの場合は、文章博士が博士(侍読)を務め、『孝経《こうきょう》』『史記《しき》』などを読んだ。

ことはたしかで、そのことは十世紀を通じて、定での審査事項がそのときどきの財政状況に応じて加えられている点からも理解できる。また公卿が功過定を「朝之要事」(『北山抄』吏途指南)と認識しており、実際ほかの政務に比べて功過定の公卿の出席率はかなり良好で、討議も熱心に行われていた。さらに一〇一四年の事例でも明らかなように、功過定は参加した公卿全員の意見が一致するまで審議が継続されており、これも功過定の重要性を物語るものとすることができる。

しかし功過定での審議は、受領によって担われた国家財政そのもの、すなわち調庸物などが実際に輸納されているかどうか、任国内の正税などが維持されているかどうか、といったことを監査・統制するというよりは、それらとは一応切り離された調庸惣返抄《ちょうようそうへんしょう》などの書類が整っているかどうかに重点がおかれているのも事実である。また功過定では、もちろん国家財政や国家による地方支配という観点からの議論も少なからず見受けられるが、一方で伊予介藤原広業をめぐる藤原行成と道長の立場と見解の相違にもあらわれているように、公卿と受領との個人的な関係が、その議論にかなり強く反映される場合も多々あった。さらに功過定の全員一致という原則は、功過定固有の重要性に基づくというよりは、これが叙位や除目という人事会議の一環として、天皇の面前で行われる御前定《ごぜんさだめ》であるという点から説明することも可能と思われる。

御前定とは、天皇の日常の居所である清涼殿の東庇《ひがしびさし》に出御した天皇の面前で、同殿東孫庇に公卿が会して行った定(合議)である。定例の叙位・除目の会議のほか、内裏《だいり》が焼失したのちに、その再建について合議する造宮定《ぞうぐうさだめ》なども御前で行われた。摂関期の定には、もう一つ紫宸殿《ししんでん》東北廊の左近衛陣《さこのえのじん》で行われた陣定があり(前述した諸国申請雑事定も陣定である)、陣定は公卿の意見を一つに集約することなく、異なる意見をそのまま天皇に奏上して、その最終的決定の参考に資するものであった。これに対して最終決定権者である天皇の面前で行われる御前定は、天皇と上卿をはじめとする公卿が、最終的決定をともに形づくり、これを共有するという特徴があった。『西宮記』などの儀式書では、受領功過定は除目の一環として、そのなかで次第が記されており、実際にも除目の会議のなかで行われる場合が多い。したがって、受領功過定が公卿全員の意見が一致するまで行われるのも、これを御前定の類型の一つと考えれば、いわば当然のことだったといえる。

要するに受領功過定は、これを通じて受領が担う国家財政を監査・統制するという側面と、任をおえた受領への勧賞(加階・給官)を定めることにより、公卿と受領との利害を調整するという側面の双方をあわせもつものだったと評価できよう。

摂関・公卿と受領

これまで二項にわたってみてきたように、受領にとって、摂関・公卿はその任命や任国支配の方針、任期終了後の勧賞に深くかかわる存在であったし、とくに当時の人事権が一般的には天皇と摂関に集中していくなかで、受領については公卿全体がこれにかかわっていた点は注目に値する。

したがって、受領は任国支配を円滑に遂行し、任期終了後の勧賞にあずかり、ふたたび受領に任命されるために、摂関・公卿にさまざまな奉仕を行った。受領の摂関・公卿に対する奉仕については、すでに多くの研究があり、ここではあまり詳しくふれないが、たとえば『御堂関白記《みどうかんぱくき》』▲や『小右記』には、受領が道

▼『御堂関白記』　藤原道長(九六六～一〇二七年)の日記。名称は、後世道長を御堂関白と呼んだことにちなむが、道長自身は関白には就任していない。摂関政治全盛期を築いた本人の日記として貴重であり、また一部自筆本が伝わっており、国語学的な価値も高い。

長や実資に対して、任国から馬や牛を贈っている記事が数多くみられるし、大規模なものとしては、一〇一八(寛仁《かんにん》二)年道長が新造した土御門第《つちみかどてい》の調度品一切を伊予守源頼光《よりみつ》が▲献上した事例が著名である。また、この土御門第の寝殿《しんでん》の造営そのものも、諸国の受領に一間ずつを割りあてて奉仕させており、この方式は翌年の無量寿院《むりょうじゅいん》(のちの法成寺《ほうじょうじ》)阿弥陀堂《あみだどう》造営でも踏襲されているが、このような造営工事の分担方式は、当時の内裏造営などでもみられるもので、受領の道長への奉仕が、なかば公的なものととらえられていたとみることもできる。

一方、摂関・公卿にとって、受領は単に地方の富を国家財政に組み込むためのパイプとしての役割を果たしたにとどまらず、摂関・公卿が各地に所有する封戸や荘園《しょうえん》からの収入を確保するうえでも、欠かせない存在だった。そこで、摂関・公卿は除目・諸国申請雑事定・受領功過定などの場で、個々の受領の利益を反映した発言を行うなど、さまざまな配慮を受領に対して示したし、また前述したように受領の赴任にあたって餞別を贈っているのも、単なる儀礼的なもの以上の意味があったと考えられる。

▼**源頼光** 九四八〜一〇二一年。清和《せいわ》源氏。満仲《みつなか》の子。藤原道長の家人として仕えると同時に、備前・但馬《たじま》・美濃《みの》などの諸国の受領を歴任した。酒呑童子《しゅてんどうじ》の伝説でも著名な存在であるが、当時の史料によれば、武士としての活動は意外にめだたない。

このような摂関・公卿と受領とのあいだの、いわば相互依存関係を、より強固なものにするためには、受領の任国での活動と、摂関・公卿の家政とを結合してしまうのがもっとも確実な方法である。事実、十世紀末ごろから、摂関・公卿の家司《けいし》・家人《けにん》が受領に任命され、その家政に貢献する家司受領と呼ばれるタイプの受領の活動がめだつようになる。摂関期の家司受領について考察された泉谷康夫氏は、摂関家と近江国《おうみのくに》の受領についての関係に注目され、藤原兼家《かねいえ》の家人であった平惟仲《たいらのこれなか》が▲九八八(永延《えいえん》二)年から九九二(正暦《しょうりゃく》三)年まで権介《ごんのすけ》として近江国の受領を務めたのを皮切りに、道長の時代には一〇〇四(寛弘元)年以後、彼が没する一〇二四(万寿《まんじゅ》元)年まで、わずかな期間を除き、近江国の受領を家司が独占した状況を明らかにされている。近江国は、鎌足《かまたり》以来、藤原氏嫡流と縁の深い国であり、摂関期においても畿内《きない》に接する要国で、受領にとって実入りの豊富な国であった。その近江国の受領に、道長がみずからの家司をかなり意図的に任命したようすや、彼ら家司受領が道長にさまざまな形で奉仕を惜しまなかったようすが、当時の史料からうかがえるのである。

また、道長と同時期の公卿である藤原実資の家司について詳しく検討された

▼**平惟仲**　九四四～一〇〇五年。桓武平氏《かんむへいし》。珍材《よしき》の子。一〇〇一(長保《ちょうほう》三)年中納言のときに大宰帥《だざいのそち》となり赴任したが、宇佐《うさ》神宮の訴えにより、一〇〇四(寛弘元)年職務を停止され、翌年任地で没した。

●──藤原実資の家司・家人の受領在任期間

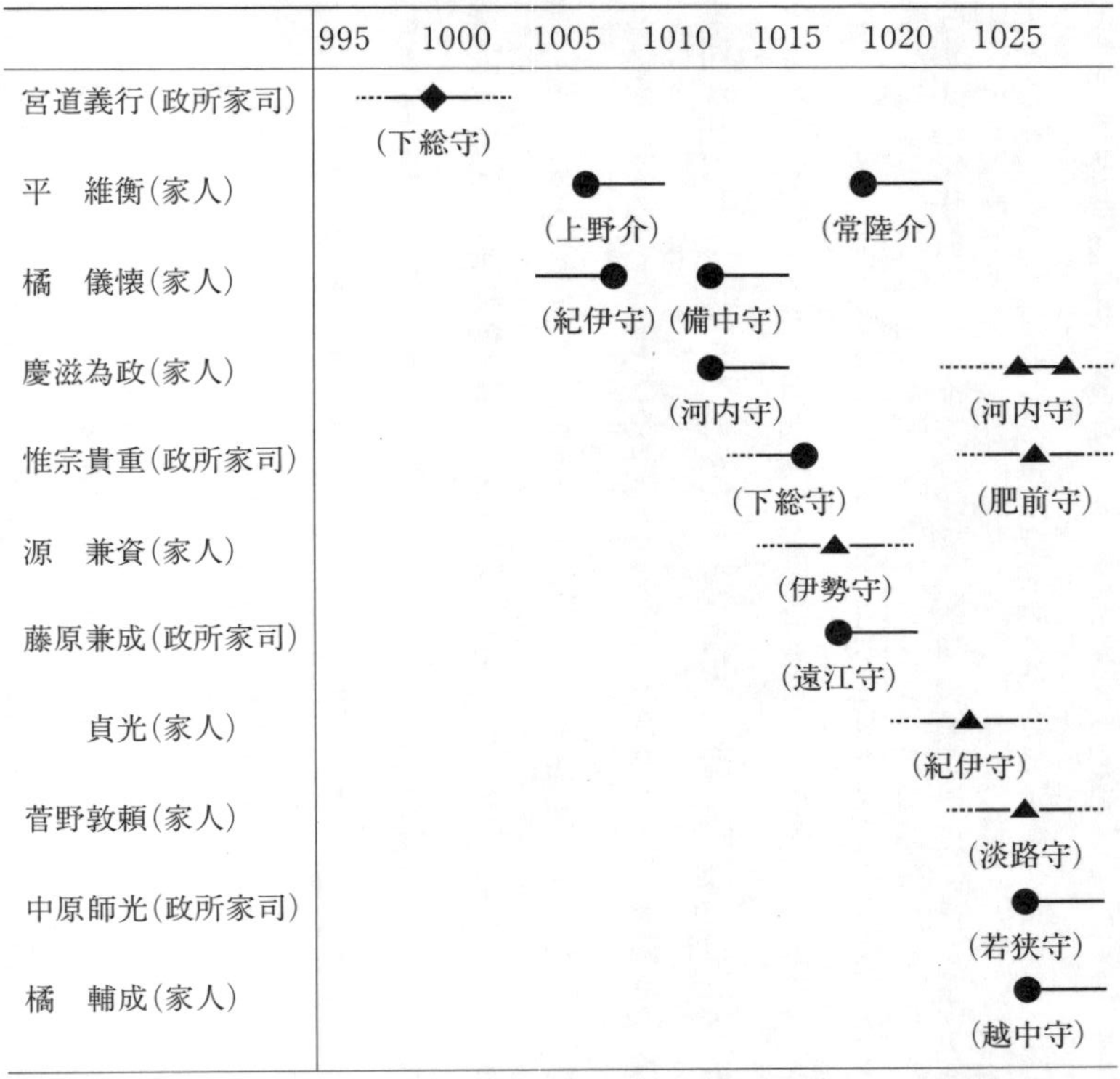

●は任官または去任，▲は在任中の史料が存在することを示す。渡辺直彦「藤原実資家『家司』の研究」(『日本古代官位制度の基礎的研究 増訂版』)を参考に作成。

渡辺直彦氏の研究を参考にすると、実資の家司・家人で受領を務めたことが判明する人物は、前後一一人におよぶ。彼らの在任期間をみると、寛弘年間から万寿年間(一〇〇四〜二八)にかけては、わずかな空白期はあるものの、少なくとも一人の家司・家人がどこかの国の受領を務めているという状況がほぼ連続している(前ページ表参照)。『小右記』の記述によれば、実資はこのような状況をつくりだすため、家司・家人が受領に任命されるよう、道長に盛んに運動していた。実資の小野宮家《おののみやけ》▲は、その豊かな資産で当時知られていたが、彼ら家司受領が小野宮家の資産蓄積に大きく寄与したことは、疑いないところである。

　受領と摂関・公卿の家政との結合を、さらに強めた形としては、公卿知行《ちぎょう》国《こく》の制度がある。知行国とは、公卿などが知行国主となって一国の支配権を握り、その子弟や縁者を受領に申任して、受領の所得を知行国主と受領を含む一家の家政に取り込む仕組みである。公卿知行国の起源については不明の部分が多く、十一世紀初頭にはその存在をうかがわせる史料もあるが、明確な初見は、一〇二一(治安《じあん》元)年から四年間、国主藤原実資のもとで、その養子資頼《すけより》が伯耆《ほうきの》守《かみ》となった事例である。その時期の『小右記』によれば、前司《ぜんじ》藤原隆佐《たかすけ》や任終後

▼小野宮家　藤原忠平《ただひら》の長男実頼に始まる門流。十世紀後半には、実頼の弟師輔《もろすけ》に始まる九条《くじょう》家と拮抗し、実頼とその子頼忠《よりただ》は摂政・関白となったが、天皇家との外戚《がいせき》関係の構築に失敗し、実資や公任の時代には政治的には九条家の後塵を拝することとなった。しかし朝廷の儀式故実《こじつ》については、九条流に対して小野宮流を形成し、また工事の斧の音がつねに絶えないのは東大寺《とうだいじ》と小野宮家だと称されるほど、富裕ぶりで知られていた。

の後司範永《のりなが》(姓未詳)との交替手続などは、実資の主導のもとで行われており、一方で資頼からは租税や摂関家への貢物に加えて、小野宮家に対して実にさまざまな品々が送られている。とくに、当時実資が溺愛していた娘千古《ちこ》の着裳《ちゃくも》に対しては、ほかの親族や家司に比べて圧倒的に多くの装束を整えており、伯耆《ほうきの》守《かみ》資頼の小野宮家への貢献ぶりが、よく示されている。

④—受領群像

本章では、菅原《すがわらの》道真《みちざね》・源《みなもとの》経頼《つねより》という二人の人物を取り上げて、これまで述べてきた点や、ふれられなかった事柄を、彼らの受領《ずりょう》観や受領としての具体的な活動を紹介しながら検証していくことにしたい。

菅原道真

最初に取り上げるのは、文人・学者としてあまりにも名高い菅原道真である。本書冒頭でも述べたように、受領には文人・学者出身の者がかなり多数おり、その代表として、讃岐守《さぬきのかみ》として受領を経験した道真について、これまでの多くの研究を参考にしながらみていきたい。

道真は八四五(承和《じょうわ》十二)年、曾祖父古人《ふるひと》、祖父清公《きよとも》、父是善《これよし》と三代続く紀伝《きでん》道《どう》の家に生まれた。道真自身、一八歳のとき文章生《もんじょうしょう》、二三歳で同得業生《とくぎょうしょう》、二六歳で方略試《ほうりゃくし》に合格して、文人官僚としての道を順調に歩み始める。さらに八七七(元慶《がんぎょう》元)年、祖父・父も就いた式部少輔《しきぶのしょう》・文章博士となって、文人とし

▼**菅原氏**　八世紀末に土師《はじ》氏から分かれた氏族。土師の氏《うじ》の名が、律令制以前から世襲してきた葬礼にかかわる職務を連想させるのをきらい、居地にちなむ氏の名に改めた。同時期に土師氏から分かれた秋篠《あきしの》氏・大枝《おおえ》(大江)氏とともに、九世紀以後、紀伝道の学者を輩出した。

▼**紀伝道**　大学寮で中国の文学・歴史を専攻する課程。教官である文章博士のもとで、文章生や特待生の文章得業生が学び、得業生は紀伝道最高の国家試験である方略試(秀才試)を経て任官した。九世紀には、紀伝道出身で公卿にのぼる者が多く、政治的にも一定の影響力をもったが、菅原道真の失脚後、その勢力は低下した。

ての地位を確立するが、八八六(仁和《にんな》二)年正月、突然これらの官職を解かれ、讃岐守に任命された。道真の讃岐守任官は、『菅家文草《かんけぶんそう》』▲一八七「北堂餞宴」(大学《だいがく》寮《りょう》での餞《はなむけ》の宴会でつくった七言律詩《しちごんりっし》)で「更妬他人道二左遷一、倩憶分憂非二祖業一(他人がこの人事を左遷だというのは少々くやしい、つらつら考えるに国司《こくし》の職は先祖からの仕事ではないのに)」(以下『菅家文草』の引用と大意は、川口久雄校注日本古典文学大系本〈岩波書店〉により、漢詩《かんし》の番号も同書によった)とあるように、複雑な政治事情がからんだ左遷人事だったらしい。彼は、同年三月ごろに讃岐国府(現香川県坂出《さかいで》市府中《ふちゅう》町)に赴任し、八八七(仁和三)年末から翌年正月にかけて、一時帰京した期間を除き、八九〇(寛平《かんぴょう》二)年に任期が終了するまでの約四年間をそこですごすことになった。

『菅家文草』には讃岐守在任中の漢詩が一五〇首あまりおさめられているが、その第一の特徴は、道真が讃岐守としての生活を一貫して「客居」ととらえている点である。これは他の受領についても多かれ少なかれあてはまることと考えられるが、都で文人として華々しい活躍をしていた道真にとっては、とりわけこの意識は強烈なものだった。また都で行われているはずの年中行事に想いを

▼『菅家文草』　菅原道真がみずからの作品を編纂した漢詩文集。全一二巻で、前半は漢詩、後半は文章をおさめている。九〇〇(昌《しょう》泰《たい》三)年、醍醐《だいご》天皇に献上された。

●──菅原道真画像

▼重陽宴　九月九日に行われる節宴。菊花宴ともいう。朝廷で行われる宴では、文人が召されて詩を賦し、茱萸《しゅゆ》(かわはじかみ)を頭に挿し、菊酒を飲んで無病息災を祈った。道真の詩は、地方の国府で重陽宴が行われたことを示す貴重な史料である。

めぐらし、みずからの境遇を嘆き悲しむという趣旨の詩や、都からの手紙に一喜一憂するという内容の詩も多く、たえず都のことが気にかかっているようすがうかがえる。しかし、讃岐守在任中の漢詩のなかには、彼の受領としての職務にかかわる内容を詠んだものや、任国《にんごく》の人びとやその生業についての観察をもとにつくられたものも数多く含まれている。たとえば八八六年九月、国府《こくふ》で催された重陽宴《ちょうようのえん》▲のときの「重陽日府衙小飲」(一九七)では、都にいるときはこの日に詩をつくっていたのに、ここでは輸租法《ゆそほう》を論じたり、弁訴文《べんそぶん》(訴状に対する判決文)を書いたりしている自分の境遇を嘆いている一方で、重陽宴のために村老や薬園▲の役丁《やくちょう》から菊や薑(はじかみ)が送られてくるといった、他の史料ではなかなかわからない慣行も記録されている。そこで、『菅家文草』のなかから、とくに道真の受領としての活動や心情がよくわかるものをいくつか紹介してみたい。

まず、平安時代の貧窮問答歌《ひんきゅうもんどうか》、職人尽《づく》しともいうべき詩として名高い「寒早十首」(二〇〇〜二〇九)である。これは、冬になってどのような人びとに寒さがもっとも早く感じられるかという共通の問いかけで始まる連作詩で、唐《とう》の元稹《げんしん》▲や

▼**薬園**　国府に付属する薬草園。『延喜式《えんぎしき》』によれば、讃岐《さぬき》国が年料雑薬として中央にすすめるものとして、黄芩《おうごん》(シソ科の多年草で、根を乾燥させたものを解熱剤・腹痛止めとして服用)・藍漆(いよかずら、ガガイモ科多年草、根を煮て汁を咳止めとして服用)など四七種類があげられており、これらの一部も、この薬園で栽培されていたと考えられる。

▼**元稹**　七七九〜八三一年。唐の宰相・文人。洛陽《らくよう》出身。政治の腐敗や欠陥を鋭く追及してしばしば左遷されたが、八二二年宰相にのぼった。詩文集『元氏長慶集』六〇巻がある。

▼**白居易** 七七二〜八四六年。唐の詩人。太原《たいげん》出身。字は楽天《らくてん》。官途に就いたが、しばしば政争にまきこまれて左遷され、八四二年刑部尚書《ぎょうぶしょうしょ》のとき引退した。「新楽府」「秦中吟」など、官吏時代の詩には当時の政治・社会を批判するものが多い。詩文集『白氏文集《はくし》』のうち、前集『白氏長慶集』五〇巻は友人だった元稹の編んだもので、後集二五巻は自撰。『白氏文集』は、平安時代の日本の貴族のあいだでも広く読まれた。

白居易《はくきょい》▲の詩を参考につくられたものとされている。ここで取り上げられているのは、「走還人」(逃亡先から送還されてきた人)、「浪来人」(他国から浮浪してきた人)、「老鰥人」(年老いて妻を喪った男)、「夙孤人」(年若くして父母を喪った人)、「薬圃人」(薬園の役丁)、「駅亭人」(駅家で働く人)、「賃船人」(船で働く水手など)、「釣魚人」、「売塩人」(零細な塩商人)、「採樵人」(きこり)で、唐詩の影響でつくられたとはいえ、道真がこれらの弱者に目を向けている点は注目される。とくに「売塩人」で、彼らが「豪民」(いわゆる「富豪之輩」で手広く塩の販売を行っている者)に圧迫されているようすを描写している場面、「走還人」で国司が慈悲によって彼らをつなぎとめなければ浮浪逃亡がやむことはないとしていることなどは、道真が明確に弱者の立場に立つ姿勢をもっていたことを示している。

また「行春詞」(二一九)は、みずから国内をめぐって、寺社などの施設や、人びとの生活のようすを描写したものだが、「尊長思レ教二卑幼順一、卑貧恐レ被二富強凌一(尊卑・長幼の秩序が守られるように願い、貧しい者が富強の者にしいたげられているのを恐れる)」などの句には、道真の儒教的徳治主義《じゅきょうとくち》で任国に臨もうとする姿勢がうかがえる。ただしこれも元稹の詩を参考にしているらしく、受領としての実際の政治に、このような姿勢がどれほどいかされていたかは問題だが、少なくとも道真に、部内を巡行して、そのようすを詳しく観察する意欲が存在したことは認めてよい。

さらに、路傍で出会った白髪の老人との問答によって、国司の政治はどうあるべきかを述べた「路遇二白頭翁一」(二二一、これも白居易に類詩がある)では、老翁が「貞観《じょうがん》末年から元慶の初め(八七〇年代後半)には、政治に慈愛がなく法に偏りがあったため、みなが苦しんだが、その後安倍興行《あべのおきゆき》▲(八七八〈元慶二〉年讃岐介)や藤原保則《ふじわらのやすのり》▲(八八二〈同六〉年讃岐守)がすばらしい政治を行ったので、今日まで無事に生きてきた」と語るのを聞いて、道真も二人のような善政をほどこしたいと述べている。ここでも前の詩と同様、儒教的徳治主義の観念がよくあらわれている。

このように『菅家文草』からは、みずからの学問によって身につけた儒教的徳治主義によって、受領としての政治にあたろうとする道真の姿勢や、そのような姿勢のもとで、部内の人びとの生活を注意深く観察しているようすがうかがえる。しかし八八八(仁和四)年十一月ごろの作である「冬夜閑思」(二七四)にな

▼**安倍興行**　生没年未詳。大納言安仁の子。讃岐介のほか、伊勢《いせ》守など諸国の国司を歴任し、善政をほどこしたとされる。八八八(仁和《にんな》四)年文章博士となる。

▼**藤原保則**　八二五～八九五年。八六六(貞観八)年備中介となったのをはじめとして、諸国の国司を歴任、八七八(元慶二)年に出羽国で俘囚《ふしゅう》の乱がおこると、その鎮定にも功をあげた。八九二(寛平四)年参議にのぼる。十世紀初め、三善清行は『藤原保則伝』を著わし、保則の良吏としての功績をたたえた。

●讃岐国庁跡　讃岐国庁跡は坂出市府中町に所在。『菅家文草』によれば、開法寺《かいほうじ》という寺院の東に隣接していたという。

▼返挙　本稲を出挙せず利稲分のみを徴収すること。すなわち実質的には本稲五〇万束は失われてしまっていることになる。

ると、讃岐守となってから三年が経過しようとしているが、このころは詩を吟じることばかりに心が向き、政務に専念することができないとしている。これまで紹介してきた任国内の人びとやその生業に目を向けた詩は、任期前半の時期に集中しており、後半になると彼の詩の背景にある観念と、任国の実態との懸隔を意識し、しだいに政務から遠ざかるようになっていったと考えられるのである。

さて、受領経験者としての道真に関する史料としては、もう一つ八九六(寛平八)年に検税使《けんぜいし》の派遣を停止するよう求めた奏状がある(『菅家文草』六〇二)。この奏状は、朝廷《ちょうてい》が諸国で帳簿に載せられていない余剰の正税《しょうぜい》など(いわば隠し資産)を摘発するため、検税使を派遣しようとしたのに対して、三つの論点をあげて反対したものである。ここではその第一のみを紹介すると、たとえばある国に帳簿上一〇〇万束の正税があったとして、実際に出挙されているのは半分の五〇万束にすぎず、残りの半分は「返挙《へんこ》▲」になっている。だから帳簿外の稲が一〇万束あっても、正倉《しょうそう》には六〇万束しか存在しないし、帳簿外の一〇万束にしても、良吏《りょうり》は飢饉《ききん》などの非常時のための備えとしてたくわえているのであり、これをむやみに摘発するのは、結果として国司の治術を失わせることになってしまう、というのである。

この主張の背景には、衰弊した当時の社会にあっては、国司は法に背くと知りながら、さまざまな便法によってその任を果たしているのだという認識があり、この奏状には讃岐守在任当時の漢詩にみられる唐の詩人の影響などは微塵もみられないから、これはまさしく讃岐守を務めた経験に基づくものであった。十世紀前半の地方政治の実情をとらえたものとして著名な三善清行《みよしのきよゆき》の『意見封事十二箇条《いけんふうじじゅうにかじょう》』▲でも、清行の受領としての経験（備中介）に基づき、任用国司や百姓の訴えを聴くための朝廷の使者（推問使《すいもんし》）を派遣するのを停止するよう主張しているが、これも道真の主張と同一線上にあるものといえる。

要するに、受領国司が成立した当時の文人官僚のなかには、儒教的徳治主義に基づく慈愛をもって、衰弊した任国を統治するためには、法に背いてもさまざまな便法をめぐらすべきであり、それこそが理想的な受領国司であるという認識が存在したことになる。このようにしてみると、①章で述べた令制《りょうせい》国司の「字養百姓」という職掌は、ここにようやく字義どおりの内実を備えるにいたっ

▼**三善清行『意見封事十二箇条』**　八四七～九一八年。氏吉の子。文章博士・大学頭などを歴任し、九一四（延喜《えんぎ》十四）年、醍醐天皇の命により、『意見封事十二箇条』を提出した。そこでは彼の備中介《びっちゅうのすけ》在任時代の経験により、国家財政の窮乏を解消するためのさまざまな施策が述べられている。九一七（延喜十七）年には、三善氏として初めて参議に昇進した。

たと考えることも可能である。しかし一方で、このような観念はあくまで文人出身の受領の観念にすぎず、現実にはむしろ「法に背いた便法」が「字養百姓」に結びつかなかった面が多かったことはいうまでもない。このような観念と現実との狭間に悩み苦しみながら、菅原道真は讃岐守時代をすごしたと考えられるのである。

源経頼

つぎに日記『左経記《さけいき》』の記主である源経頼を取り上げる。彼を取り上げるのは、日記にみずからの受領としての活動がどのように記されているのか、受領という官職と日記を記すという行為とのあいだにはどのような関係があるのかをみていくためである。

経頼は宇多源氏《うだげんじ》の出身で、九七六（貞元《じょうげん》元）年、雅信《まさのぶ》（従一位左大臣）の孫、扶義《すけよし》（正四位下参議）の子として生まれた。九九八（長徳《ちょうとく》四）年二三歳のときに叙爵《じょしゃく》、玄《げん》蕃頭《ばのかみ》・少納言《しょうなごん》などをへたのち、まず一〇一一（寛弘《かんこう》八）年から一四（長和《ちょうわ》三）年まで和泉守《いずみのかみ》として受領を務める。その間、一〇一四年に左少弁《さしょうべん》を兼任して以来、左大弁《さだいべん》でなくなるまで、一貫して弁官局▲官人として太政官《だいじょうかん》の実務にあたった。一〇一六(長和五)年には後一条《ごいちじょう》天皇の蔵人《くろうど》となり、一八(寛仁《かんにん》二)年からは近江《おうみの》守《かみ》として二度目の受領を務めることになる。さらに一〇二九(長元《ちょうげん》二)年には後一条天皇の蔵人頭となり、翌三〇(同三)年に参議となって公卿《くぎょう》の仲間入りをし、三九(長暦《ちょうりゃく》三)年六四歳で死去した。

『左経記』は、一〇一六〜三六(長和五〜長元九)年までの記述が断続的に残されているが、すべて記主本人あるいは後世の人物が、毎日の記録から特定の日付のものだけをぬきだした抄略本《しょうりゃくほん》の形で伝わっており、抄略の程度は一様ではないものの、平均すれば一カ月あたり一〇日前後の記事が存在すると考えられる。

経頼が最初に受領となった和泉守時代は、『左経記』の記事が残されていない時期であるから、当然『左経記』から在任中の活動を知ることはできない。また同時代のほかの日記にも、しばしば経頼は登場するものの、和泉守としての活動を記したものはみあたらない。ただし去任後の一〇一五(長和四)年十月二十七日に行われた受領功過定《こうかさだめ》で、無過《むか》とされたことが『小右記《しょうゆうき》』に記されている。

▼**弁官局**　太政官の一部局。左右の大・中・少弁、同じく大・少史などの官人からなり、太政官の管轄下にある諸司・諸国と太政官の幹部である公卿とのあいだの連絡にあたった。弁のなかには、経頼のように天皇と公卿とのあいだの連絡にあたる蔵人を兼帯する者も多く、彼らは当時の政務処理に重要な役割を果たした。

また、少しのちになるが、『左経記』寛仁四(一〇二〇)年二月五日条には、自身が和泉守のとき、内裏《だいり》の襲芳舎《しゅうほうしゃ》▲を造営した賞として従四位上に加階されたとある。『公卿補任《くぎょうぶにん》』には、経頼の和泉守任官に「別功《べつごう》」という注記があり、いわゆる成功《じょうごう》による任官であったことがわかるので、この加階もそれに関連するものであった。

つぎに『左経記』の残存部分と重なる近江守時代について、やや詳しくみていきたい。一〇一八年正月二十七日の除目《じもく》で、経頼は近江守に任命された。彼は当時正五位上左少弁で蔵人をかねていたが、近江守任官と同時に蔵人の職はとどめられた。③章で述べたように、経頼が近江守となった前後は道長《みちなが》の家司《けいし》が近江守を独占的に務めており、なぜ経頼が近江守に任命されたのかは不明の部分が多い。しかし泉谷康夫氏の研究を参考にすると、前任者である道長の家司藤原惟憲《これのり》▲が、在任中、下鴨《しもがも》神社の鳥居の内に、その行動を非難する札が立てられる(『小右記』長和三年四月二十七日条)など、なにかと物議をかもしたため、道長も家司以外から近江守を選ばざるをえないと考え、自身の妻 源 倫子《みなもとのりんし》の甥にあたる経頼に白羽の矢を立てたと考えることもできるかもしれない。

▼**襲芳舎**　内裏後宮《こうきゅう》の殿舎《でんしゃ》の一つ。雷鳴壺ともいう。凝華舎《ぎょうかしゃ》(梅《うめ》壺《つぼ》)の北、内裏の東北隅にあった。源経頼が襲芳舎を造営したのは、和泉《いずみ》守在任中の一〇一四(長和三)年二月九日に焼亡した内裏再建の際であると思われる。当時、内裏の再建には、殿舎・門・廊などの造営を諸国の受領に分担して請け負わせる国充《くにあて》という方式がとられていた。

▼**藤原惟憲**　九六三〜一〇三三年。惟孝《これたか》の子。藤原道長《みちなが》・頼通《よりみち》父子の家司を務める一方、諸国の受領を歴任、一〇二四(治安四)年には正三位にのぼった。任国では貪欲な徴税を行ったらしく、一〇二九(長元二)年大宰大弐《だざいのだいに》の任をおえて帰京する際には、藤原実資《さねすけ》から、「九国二島(大宰府が管轄する西海道諸国)の物、底を掃いて奪い取る。唐物《からもの》も又同じ。すでに恥を忘るるに似たり」と非難されている。

●—近江国府跡　整然とした配置をもつ政庁は十世紀末に廃絶したとされており、経頼が近江守となったころには存在しなかったらしい。

近江守一年目の一〇一八年の『左経記』は、正月から十二月まで抄略本が残っている。まず任命から一カ月半あまりの三月十一・十二日条によれば、内裏・摂政《せっしょう》藤原頼通《よりみち》・太皇太后《たいこうたいごう》藤原彰子《しょうし》・大殿《おおとの》道長などに、十四日に任国に下向する由の罷申《まかりもうし》の挨拶を行い、後一条天皇からは禄《ろく》の袿《うちき》、道長からは馬一疋《いっぴき》をあたえられている。同月二十八日には内裏や道長のもとに参向しているから、二週間ほどで前司《ぜんじ》藤原惟憲との交替手続や、国庁《こくちょう》での政始《まつりごとはじめ》(政務開始の儀式)をすませたものと考えられる。なお当時の近江国庁は、国史跡近江国府《こくふ》跡(瀬田川《せたがわ》河口部東岸の大津《おおつ》市大江《おおえ》・三大寺《さんだいじ》、十世紀末ごろまでの国庁跡)の北西に隣接する場所に所在し、平安京《へいあんきょう》からは日帰りが十分可能な距離にあった。一〇一八年の近江守としての活動を示す記事は、ほかにみあたらず、『左経記』の記事のほとんどは、弁官としての政務や道長・頼通への扈従《こしょう》に関するもので占められている。都と近江国庁との距離や、彼の弁官としての多忙さを考慮すれば、むしろ日常的には在京し、なにか特別な必要があれば近江国庁や部内に出向くという形をとっていたものと推測できよう。

二年目の一〇一九(寛仁三)年の『左経記』は正月から七月まで欠落している。

その間の『小右記』五月一日条には、このころ進められていた賀茂社《かもしゃ》への山城国《やましろ》愛宕郡寄進《おたぎ》▲に関する政務が、行事弁《ぎょうじのべん》である経頼が在国しているためにとどこおっているという記述があり、珍しく在国していることがわかる。『左経記』では、十月二十九日条に、犬上郡《いぬかみ》(現滋賀県彦根市の大部分と犬上郡豊郷《とよさと》町・甲良《こうら》町・多賀《たが》町)にいき、犬上寺(未詳)に宿すとあるのが、近江守関係の本年唯一の記事である。犬上郡に赴いたのは、受領としての公務にかかわるものなのか、それとも私的なものなのかはよくわからない。ただし『小右記』同月二十五日条には、当時石山寺《いしやまでら》に参籠している小一条院敦明親王《こいちじょういんあつあきらしんのう》▲に対して、国司経頼は前もってそのことをうけたまわりながら、「入部《にゅうぶ》」と称して「奥郡」におり、なんの饗応もしていないと記しており、「入部」という語からすれば、租税の徴収など公務にかかわるものだった可能性もある。

三年目の一〇二〇(寛仁四)年は、まず正月十五日条で、辰剋《たつのこく》(午前七～九時ごろ)に国務を始めたとある。近江国庁における年頭の政務開始の儀式であるが、この日、経頼は弁としての政務にも忙しく携わっているから、本人は国庁へ赴かず、儀式は目代《もくだい》などに行わせた可能性もある。つぎに同月二十五日条には、

▼賀茂社への山城国愛宕郡寄進　一〇一六(長和五)年に即位した後一条天皇は、翌年十一月、賀茂神社に行幸した。その際、天皇の母で道長の娘である藤原彰子が、賀茂社への神郡《しんぐん》(神社の経営のため、租税をその神社におさめる郡)寄進を希望し、結局愛宕郡を上下二社に分けて寄進することとなった。寄進に関する業務は、行幸をとりしきった行事所(太政官内におかれたプロジェクトチーム)に委ねられ、経頼も行事所の弁として煩雑な業務に追われていた。

▼小一条院敦明親王　九九四～一〇五一年。三条天皇第一皇子。母は藤原済時《なりとき》の娘娍子《せいし》。一〇一六(長和五)年、三条天皇は敦明親王を皇太子とすることを条件に後一条天皇に譲位したが、翌年三条上皇が没すると、親王は道長の圧力もあり、みずから皇太子の辞退を申しでた。かわりに後一条天皇の弟敦良《あつよし》親王が立太子したが、敦明

道長の命により、造営中の中河御堂《なかがわみどう》(無量寿院《むりょうじゅいん》)のために、滋賀郡最勝寺《さいしょうじ》(現大津市栗原《くりはら》にあった山岳寺院)の鐘を郡司《ぐんじ》に運ばせ、たてまつったとある。家司ではないものの、受領として道長に積極的に奉仕している姿がうかがえる記事である。

三月十九日には、近江国に向かい、神社修理の国符《こくふ》を諸郡にくだし、仁王会《にんのうえ》を行っている。なおこの下向は、二月五日に従四位上に加階してからはじめてとある。この記事は、近江守時代の経頼本人が、任国に下向して国の行事に携わっていることを明示する唯一の記事といえる。ついで五月二十日には、太政官の使者から相撲節会《すまいのせちえ》▲停止の由を記す東海道諸国宛の太政官符がもたらされ、これを伊賀《いが》国に伝えるため、留守所《るすどころ》にくだしている。

あとは、五月二十六日に、藤原定輔《さだすけ》が平維衡《たいらのこれひら》の郎等《ろうとう》を粟津《あわづ》(瀬田川河口部西岸)で射殺した事件を記し、八月三日条では賀茂川の堤防修築▲の開始と、近江国に割りあてられた場所についての記述がある。しかし、この二つの条では、ともにそれらの事実を記すのみで、近江守としてなにかをしているというものではない。

親王は小一条院という院号と太上天皇なみの待遇を受けることになった。

▼**相撲節会**　毎年七月後半、諸国から集められた相撲人の取組みを天皇・公卿らが観覧する節会。相撲人は二・四月ごろに、左右近衛府からそれぞれ東国・西国に部《こ》領《とり》使《づかい》という使者が派遣されて召集されたが、この年は全国的に疱瘡《ほうそう》が流行したため(後一条天皇も罹《り》病《びょう》)、五月十四日に節会停止が決定されていた。

▼**賀茂川の堤防修築**　すでに九世紀前半から、賀茂川の洪水を防ぐため、堤防の修築にあたる防《ぼう》鴨河《が》使《し》が設置されていたが、いったん中断ののち、十世紀半ばごろに復活し、修築の費用は五畿内《きない》と近江・丹波の諸国に割りあてられるようになった。これを防鴨河役という。

四年目の一〇二一(治安《じあん》元)年は、正月から四月二十五日までの記事を欠いている。近江守関係の記事は、五月十一日条に、伊勢《いせ》へ下向する検非違使《けびいし》▲を供給《くごう》すべき由の庁宣《ちょうせん》▲を路次の諸郡にくだすとある。この記事や前年五月二十日条は、経頼が明らかに在京したまま留守所や諸郡に指示をだしているものである。

経頼が近江守を去った時点は明らかでないが、とくに任期途中で辞任する理由はみあたらないので、一〇二二(治安二)年正月の除目で、後司《こうし》源済政《なりまさ》(道長家司)と交替したと考えるのが妥当であろう。なお、園城寺《おんじょうじ》(三井寺《みいでら》)に関する縁《えん》起《ぎ》や僧伝を集成した『寺門伝記補録《じもんでんきほろく》』(十四世紀末成立)によれば、近江会坂《おうみおうさか》(逢坂)関の東麓にある関寺《せきでら》の再建について、一〇二二年後半ごろ、前守経頼と現守源済政が協力して伽藍の復興にあたったとしている。さらにこの関寺再建に関しては、『今昔《こんじゃく》物語集』巻一二に興味深い話が伝わっている。関寺造営に用いるために寄進された牛が、実は迦葉仏《かしょうぶつ》(釈迦以前に出現した仏)の化身であるという夢をみた人物があらわれ、そのため藤原道長を始め、当時の貴族が数多く関寺を訪れたというのである。経頼も、関寺造営にかかわるなかで、当然この牛を目にしていたと考えられ、事実『左経記』万寿《まんじゅ》二(一〇二五)年六月二・三日条

▼**検非違使**　九世紀前半、嵯峨《さが》天皇のときにおかれた令外官《りょうげのかん》。当初は京内の犯罪人の逮捕にあたったが、しだいに裁判・行刑も担当するようになった。また、本文に記す伊勢《いせ》国への下向は、京内でおこった事件の犯人を追捕するためのものである。なお供給とは、中央からくだってきた官人を接待することを意味する。

▼**庁宣**　受領が任国内に発給する文書。

●――一二八四(弘安《こうあん》七)年に、関寺で行われた踊り念仏のようす(『一遍聖絵《いっぺんひじりえ》』)　本堂(図の左端)の前の池の中島で多くの僧侶

が一心不乱に踊っている。本堂の裏山には、経頼もかかわった牛の供養塔があり、人びとの信仰を集めていたという。

によれば、経頼は関寺に赴いて、この牛の臨終に立ち会っている。

以上が、『左経記』に登場する近江守としての経頼に関する記事のすべてである。ここでは、これらの記事から以下の二つの点を指摘したい。第一は、すでに述べたことでもあるが、近江守在任中の経頼が、相当短いあいだだけしか在国していなかったと推測できる点である。これは、前項の菅原道真がわずかな期間を除き、在任中は讃岐国にとどまりつづけたのに比べると、きわめて対照的であるといえる。もちろん両者の違いの最大の理由は、海を隔てた讃岐国と都とは指呼の距離にある近江国という地理的なものであり、加えて経頼が公務繁忙な弁官を兼任していたという事情も大きく影響しているだろう。しかしさらに②章で述べた、十世紀後半における受領郎等の登場とその活躍という現象とも関連させてとらえることができるのではないだろうか。すなわち、彼らが目代・弁済使《べんさいし》などとして任国の政務や中央との連絡などを円滑に行うシステムが整っていくのにつれて、受領自身は必ずしも長期間在国する必要がなくなったと考えるのである。やや極端ともいえる近江守経頼の事例のみから、結論をだすのは早計ではあるが、受領の任国支配システムの整備と、その在国期間との相関関係は、今後検討に値する問題だと思う。

第二は、抄略本とはいえ、『左経記』には近江守としての活動を示す記事が非常に少ない点である。前述したように、経頼本人が任国に下向して国務に携わったことを明示する史料といえば、寛仁三(一〇一九)年十月二十九日条の大上郡入部は、『左経記』ではその事実を記すだけで、目的などはなんら示されていないし、同四年正月十五日条の国務始も、経頼自身下向しなかった可能性があるから、結局同年三月十九日条(神社修理の文書発給と仁王会催行)のみなのである。

ところで受領の任国での行事を記した日記としては、一〇九八(承徳《じょうとく》二)年七月に因幡守《いなばのかみ》に任命された平時範《ときのり》の『時範記《ときのりき》』▲が著名である。時範は翌年二月三日に諸所に罷申をすませたのち、任国に向かい、同年四月三日に一時帰京するまでの二カ月間にわたり、国境での境迎《さかむかえ》え(⑤章で後述)、国庁に到着したあとの正倉の鎰《かぎ》や国印の引継ぎ、一宮《いちのみや》である宇倍社《うべしゃ》以下諸社への神拝、国務始、さまざまな神事仏事、在庁官人などからの貢物のようすなどを、かなり細かく記しており、『左経記』に比べると一見対照的である。しかし、因幡滞在中の『時範

▼**平時範『時範記』**　平時範(一〇五四〜一一〇九年)は、藤原師《もろ》実《ざね》・師通《もろみち》など摂関家の家司を務める一方、蔵人・弁官など実務官人として活躍した。その日記『時範記』は、現在断片的にしか伝わっていないが、本文で紹介した因幡守としての記述は、数少ない受領自身の日記として貴重である。

記』のところどころには、「京書云《きょうしょにいう》」として、都での出来事が記され、しかもそれが「京書」の届いた日ではなく、その出来事のあった日付にかけられている点も見逃せない。これは、任国にあっても時範の関心が強く都に向けられていることを示しており、近江守としての活動はほとんど記さず、兼任していた弁官としての行事や道長・頼通の動向を詳しく記している『左経記』の姿勢と、基本的には共通しているといえる。

そもそも貴族の日記とは、藤原師輔《もろすけ》の『九条右丞相遺誡《くじょううじょうそうゆいかい》』▲にもあるように、朝廷《ちょうてい》での公事《くじ》（儀式や政務）の次第や君父《くんぷ》の動向を記して「忽忘」「後鑑」に備える、すなわち本人や子孫がこれらを先例として参考にするためであった。したがって、貴族の日記が受領としての政務や行事に比較的冷淡なのは、それらがのちに先例として参考にするようなものとはとらえられていなかったことを示しているといえる。要するに、少なくとも源経頼の時代以降の貴族にとって、受領とは、その職務を先例どおりにこなしていくべき官職というのではなく、それとは別のもの、具体的には一種の利権とみていたのではないかと思われるのである。

▼藤原師輔『九条右丞相遺誡』
藤原師輔《もろすけ》（九〇八～九六〇年）は、忠平《ただひら》の次男で、村上天皇の時代に右大臣までのぼった。儀式作法に詳しく、その日記『九暦《きゅうれき》』をもとに『九条年中行事《くじょうねんじゅうぎょうじ》』を著わした。『九条右丞相遺誡』は彼がのこした家訓で、当時の貴族の意識や日常生活を知るうえで貴重な史料である。

⑤——受領と交通

境迎え——都と鄙の対面

最後に本章では、都《みやこ》と地方を往来した受領《ずりょう》が、両者の交通・交流に果たした役割についてみていくことにする。そこで最初に、受領と任国《にんごく》の人びととの最初の接触の場である境迎《さかむか》えのようすを述べてみたい。

『朝野群載《ちょうやぐんさい》』▲巻二十二におさめられた「国務条々事」は、受領としての心得や政務の要諦を四二カ条にわたって列挙したものであり、そのなかに、受領が初めて任国にはいった所で行われる境迎えの行事に関する記述がある。境迎えとは、新任国司《こくし》を、国境で任国の官人が出迎える儀式のことであるが、その次第は国々によって異なり、「国務条々事」では、受領は「土風《どふう》」(その国のやり方)に従うべきだとしている。前章でふれた『時範記《ときのりき》』では、時範が都を出発して六日後の一〇九九(承徳《じょうとく》三)年二月十五日、美作《みまさか》と因幡《いなば》との国境にある鹿跡《ししと》御坂《みさか》(現志度坂《しどさか》峠)で境迎えの行事があり、因幡の官人たちが「籍を称した」とある。これは官人たちが時範に対して一人ひとりみずからの姓名を告げたということで、これ

▼『朝野群載』 十二世紀前半、三善為康《みよしのためやす》が編纂した文書集。全三〇巻中、二一巻が現存。巻二十二の「諸国雑事」上、巻二十六・二十七の「諸国公文」中・下、巻二十八の「諸国功過」には、受領にかかわる種々な文書が集成されている。

から新任国司の部下として仕えることを象徴的に示す儀式である。『時範記』の境迎えの行事は、このようにごく簡単なものだったが、場合によっては、ここで印鎰《いんやく》の▲受け渡しが行われたり、饗宴が催されたりすることもあった。このような境迎えの行事に関する『朝野群載』の記述で注目されるのは、受領は、その場で無益なことをむやみに話してはならないとし、それは任国の者たちが、境迎えのときに、必ず「官長之賢愚」を推量するからだとしている点である。

境迎えの際の、いわば受領と任国の人びととの腹の探りあいについては、『今《こん》昔物語集《じゃくものがたりしゅう》』に著名な説話がある。信濃守《しなののかみ》として任国に下向したある男が、境迎えで饗宴▲が開かれた際、胡桃《くるみ》を用いた料理ばかりがならんでいるのをみて、なぜかもだえ苦しむ。これをみてあやしんだ年老いた在庁官人は、「この国の境迎えでは胡桃酒を飲むのが例となっております」といって、守に強いて酒を勧めたところ、守は「もう堪えられない」といって、水になり流れ失せてしまった。実は信濃守は寸白《すばく》の▲生まれ変わりで、胡桃はその虫下しに効果があるとされていたのだが、在庁官人は守が胡桃の料理をみて苦しみの表情を浮かべたことから、その正体を見破り、胡桃酒を飲ませようとしたのだった。この説話からは、

▶**印鎰**　印は国印、鎰は正倉《しょうそう》のカギで、どちらもその国の支配権を象徴するものである。「国務条々事」では、境迎えの際に任国の官人が印鎰を持参する場合と、受領が館《たち》(国司の官舎)に到着してから、吉日を選んで印鎰を受領する場合の両方があったと記している。

▶**境迎えでの饗宴**　美濃《みの》国と信濃国の境にある神坂《みさか》峠で行われたものであろう。神坂峠頂上付近には、古墳時代から中世にいたるまでの祭祀遺物が大量に出土する場所があり、この峠を行き来する人びとによって、峠の神に対する「手向けの祭祀」が長期間にわたって行われていたことがわかる。

▶**寸白**　寄生虫のさなだむしのこと。

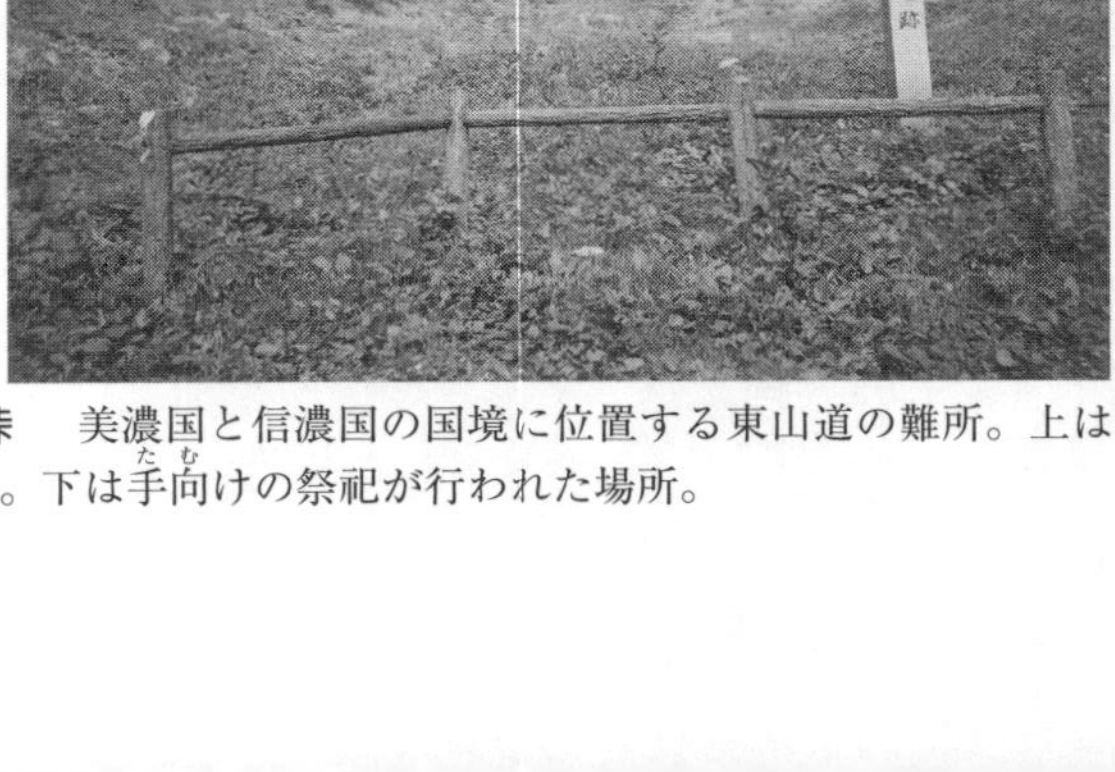

●──**神坂峠**　美濃国と信濃国の国境に位置する東山道の難所。上は峠から美濃国側を望む。下は手向《たむ》けの祭祀が行われた場所。

境迎えが、都からくだってきた受領と任国の人びとのあいだで、双方がおたがいの腹を探りあう最初の場面であったことがうかがえる。

このような境迎えの場で、双方のそりがあわないということになれば、場合によっては「尾張国郡司百姓等解文《おわりのくにぐんじひゃくせいらげぶみ》」のような事態にまで発展してしまうわけだが、受領と任国の人びととの接触は、一方で人や物の流れをさまざまな形で生みだしていく。

留住前司と大番舎人

ここでは、受領の往来が都《と》鄙《ひ》間の人の交流をうながした点を、さまざまな角度からみていく。まず都から地方への流れについては、任期をおえた受領自身やその子弟が任国やその周辺にとどまり、土地の開発・経営などにあたるという傾向が、九世紀半ばごろからみられる。ここでは彼らをかりに「留住前司《りゅうじゅうぜんじ》」と呼び、いくつか具体的な事例を紹介する。

まず九世紀半ばの著名な事例として、前豊後介中井王《さきのぶんごのすけなかいおう》を取り上げる。『続日本《しょくにほん》後紀《こうき》』承和《じょうわ》九（八四二）年八月庚寅《こういん》条によれば、彼は私宅を日《ひ》田《た》郡にかまえ、私《し》営田《えいでん》を諸郡において郡司・百姓を圧迫しているだけでなく、筑後《ちくご》国や肥後《ひご》国にも出没して農民の生業を妨げているとある。彼が受領(官長)であったかどうか確証はないが、前年十二月に従五位下善永王《よしながおう》が豊後守に任命されているのに対して、彼は正六位上であるので、善永王の前任の官長であった可能性は十分にある。中井王が国内諸郡においた私営田は、「尾張国郡司百姓等解文」でみた佃《つくだ》(直営田)に相当するもので、国司としての権限を利用して開発または買得し、周辺の農民を徴発して、その労賃や食料などを除いた全収穫をみずからのものとするという経営形態をとる田地のことである。彼はこの件で都に強制送還され、豊後国との関わりは断たれたが、同じ時期の法令に、交替手続をおえた国司が、まだ解由状《げゆじょう》をえていないというのを口実に管内に留住し、百姓の生業を妨げているという文言がみられるので、中井王のような存在は、当時とくに珍しいものではなかった。

つぎに、中井王よりやや前の世代になるが、前常陸介《ひたちのすけ》藤原春継《ふじわらのはるつぐ》▲についてみていきたい。『朝野群載』巻十七におさめられた、藤原菅根《すがね》▲らによる八九〇(寛《かん》平《ぴょう》二)年上総国《かずさのくに》藻原荘《もばらのしょう》施入帳《せにゅうちょう》(興福寺《こうふくじ》への寄進文書《きしんもんじょ》)には、以下のことが記され

▼藤原春継・菅根　春継は生没年未詳。南家黒麻呂《くろまろ》の子。『尊卑分脈』に従五位上常陸介・中務大輔とあるが、詳しい経歴はわからない。春継の孫菅根(八五六〜九〇八年)は、紀伝道出身で、菅原道真の推輓《すいばん》により昇進し、八九九(昌泰《しょうたい》二)年文章《もんじょう》博士となるが、道真左遷の際には藤原時平《ときひら》方につき、のちに参議にのぼった。

ている。藻原荘(現千葉県茂原《もばら》市周辺)は、菅根の曾祖父黒麻呂《くろまろ》が、七七四〜七八〇(宝亀《ほうき》五〜十一)年、上総介・守であった時代に手にいれた牧《まき》を開発したのが起源であり、黒麻呂とその子春継の代に長柄《ながら》郡や天羽《あもう》郡の土地を買得して田代《たしろ》荘も形成された。両荘は春継の子良尚《よしひさ》(菅根の父)に継承されたが、彼は父春継から、死後自分の「寝居」する藻原荘にほうむること、墓地が荒れはてないよう、この地を興福寺に施入してほしいことを依頼された。ところが良尚はすぐになくなってしまったので、今その子の菅根らが祖父と父の遺志により、両荘を興福寺に施入するのである、と。

黒麻呂の子孫のなかで、良尚は上総介に任じられた経歴をもつものの、近衛《このえ》府《ふ》・兵衛府《ひょうえふ》の官人を務めているので、基本的には在京していたと考えられ、菅根も紀伝道《きでんどう》出身の文人官僚としての経歴が知られているから、もっぱら都で活動していたらしい。しかし黒麻呂の子春継は、上総の国司に任命されたことは確認できないが、常陸介を務め、妻には常陸大目《だいもく》坂上《さかのうえ》氏出身の女性がいて、そのあいだに良尚をもうけており(『尊卑分脈《そんぴぶんみゃく》』)、なによりも前述のように、藻原荘に「寝居」していたというのだから、その生涯の大半を上総の地ですごしたと考えられる。したがって、春継は国司となった常陸に留住したわけではないものの、それを契機に上総の地にとどまり、父のはじめた荘園《しょうえん》経営を引き継いだ人物だったといえる。

しかしここで注目したいのは、春継の子孫はふたたび都で官人として活動している点である(ちなみに菅根の子と孫は、本書冒頭で紹介した元方《もとかた》・陳忠《のぶただ》である)。すなわち春継にしても、都との関わりをまったく断ち切ったわけではなく、一定のパイプは維持しながら、上総の地で生活していたと考えられるのである。

十世紀以後になると、受領として任地に下向し、そのまま現地にとどまって活動した人びととしては、東国《とうごく》を拠点とした桓武平氏《かんむへいし》の一門や、畿内《きない》周辺にいくつかの拠点を築いた清和源氏《せいわげんじ》が著名であり、彼らが各地における武士団の棟梁《とうりょう》として活躍し、武家社会の成立に大きく貢献したのもいうまでもない事実である。しかし、彼らをさして「軍事貴族の地方への土着」という表現を用いる場合があるが、これについてはやや問題がある。東国の平氏については、たとえば平将門《たいらのまさかど》▲が藤原忠平《ただひら》の家人《けにん》となっていたことは著名であるし、十一世紀前半に反乱を起こした前上総介平忠常《ただつね》▲は、「京宅」を所有し、都にも生活の拠点が存

▲**平将門** ?〜九四〇年。高望《たかもち》の孫、良持《よしもち》の子。承平年間(九三一〜九三八)から伯父国香《くにか》らとの内紛が絶えなかったが、武蔵《むさし》・常陸で受領と国内有力者との紛争に介入したのを契機に、九三九(天慶《てんぎょう》二)年常陸・上野《こうずけ》・下野《しもつけ》の国府を制圧し、みずから「新皇《しんのう》」と称し関東各国の国司を任命した。しかし翌年、藤原秀郷《ひでさと》・平貞盛《さだもり》らによって滅ぼされた。その半生を描いた『将門記《しょうもんき》』には、将門が若年のころ、名簿を藤原忠平《ただひら》にたてまつって従者となったとあり、また忠平を「私君」と表現した箇所がある。

在したことがわかっている。一方、源氏については、満仲《みつなか》・頼光《よりみつ》・頼信《よりのぶ》らは、それぞれの拠点の経営にあたる一方で、摂関家《せっかんけ》の家司《けいし》としての活動もめだち、「土着」という言葉のイメージとはかなり隔たりがある。要するに「留任前司」とは、受領として任国にくだったのを契機として、現地にもう一つの生活の拠点を築き、それによって、以後、継続的に都と地方とのあいだのさまざまな意味での交通に寄与した人びとということができる。

一方、地方から都へという流れについてはどうだろうか。②章で述べたように、九世紀末以後の受領の任国支配にとって、その重要な障害となったのは、任国の人びとと、中央の院宮王臣家《いんぐうおうしんけ》との結びつきであった。しかしだからといって、受領が一貫して両者の結びつきを抑制していたかというと、必ずしもそうではなかった。なぜなら③章で述べたように、受領はその人事や勤務成績の評定など、多方面にわたって、摂関や公卿《くぎょう》などに規制される存在であり、そのためにさまざまな奉仕を行わなければならなかったから、任国の人びとが彼らと結びつこうとする動きを、一様に押さえ付けるわけにはいかなかったという事情がある。またこれも前述したように、受領の任期は実質的には前司任終年

▼**平忠常《たいらのただつね》** ?〜一〇三一年。忠頼《ただより》の子。下総《しもうさ》国に拠点をもち、十一世紀初め、源頼信《よりのぶ》の家人となり、また藤原教通《のりみち》（道長《みちなが》の子）の従者ともなっていた。一〇二八（長元元）年、安房《あわ》国府を襲撃して房総半島一帯を制圧するが、三〇（同三）年源頼信が追討使に任命されると、戦わずして降伏し、京へ護送される途中で病没した。

十当任三年とされており、これはいいかえれば本人の任終年の責任は、自分ではなく後司《こうし》にあるということにほかならないから、任終年にはいってしまえば、むしろ任国の人びとと院宮王臣家とのあいだを積極的に取り結んだほうが得策だという考えを生じさせることになる。事実、受領の任終年にその国での荘園の設立が増加する傾向も指摘されているのである。

したがって、地方の人びとと中央の院宮王臣家とをつなぐパイプとしても、結局受領は少なからぬ働きをした。ここではその事例として、摂関家の大番《おおばん》舎人《とねり》について紹介しておきたい。

大番舎人とは、院政《いんせい》期以後の史料にみられる摂関家の従者の組織であり、近《おう》江《み》・和泉《いずみ》・摂津《せっつ》の三カ国の有力農民二六〇人余りを舎人とし、一カ月を一〇日ずつ三番に分け、宿直などにあたらせたものである。舎人には、その反対給付として田地があたえられ、各種の租税も免除された。この大番舎人をだす国のなかで、人数が圧倒的に多いのが、実は近江国で、全体のほぼ八割にあたる二〇六人が舎人となっている。この近江国の大番舎人について、③章の家司受領のところでも紹介した泉谷康夫氏の研究では、道長の時期にその家司が連続的に近江国の受領を務めたことが契機となり、彼らが近江国内の有力農民を大番舎人に組織した張本人であると推定している。史料上明証はないものの、摂関家の家司をかねた受領という立場を考えれば、十分蓋然性のある推定だと思われる。

受領と国風文化

　ここでは受領の往来が、当時の文化にどのように寄与したのかをみていきたい。受領の往来そのものが題材となった文学作品としては、九三四(承平《じょうへい》四)年末、土佐守《とさのかみ》の任をおえて帰京するまでを描いた紀貫之《きのつらゆき》の『土佐日記《とさにっき》』、その冒頭部で、一〇二一(治安《じあん》元)年、やはり上総介《かずさのすけ》の任をおえて帰京する父に同行して、路次のようすを描いた菅原孝標女《すがわらのたかすえのむすめ》の『更級日記《さらしなにっき》』などが著名である。ことに後者の、足柄山《あしがらやま》の麓で一夜を明かした際、土地の遊女と邂逅《かいこう》し、その歌を聞いて感銘を受ける場面は印象深い。このほかにも和歌《わか》の分野では、藤原高遠《たかとお》の私家《しか》集《しゅう》には、彼が一〇〇五(寛弘《かんこう》二)年、大宰大弐《だざいのだいに》として任地に下向するまでの途中、各地でよんだ歌が含まれている。

●──足柄峠　『更級日記』の作者は，足柄山の麓で，闇夜の晩にどこからともなくあらわれた遊女の，空のすみわたるような歌を聞く。

このような受領の往来そのものが文学作品の題材となった背景を含め、受領と文化との関係をみていく際に、当時の「国風《こくふう》文化」の特質について考える必要がある。九世紀の「唐風《とうふう》文化」が遣唐使《けんとうし》の停止を機に、十世紀には日本風の「国風文化」に変化するという、いわば古典的な見方は、現在ではほぼ否定されているといってよい。唐の文化の消化・吸収が進み、それらと在来の文化が融合することによって、独自の信仰・文芸・生活のあり方などが生みだされるという傾向は、すでに九世紀から本格化していたし、一方で十世紀以後も大陸の文化は依然として摂取されつづけ、とくに大陸からもたらされた奢侈品を中心とする品々(唐物《からもの》)は、九世紀までに比べて、より広い階層に普及しているといってよいからである。したがって、十世紀以後の文化を「国風文化」という言葉で表現するのであれば、それがいかなる意味で「国風」なのかが問われなければならない。

この問題を考えるうえで、受領とはやや離れてしまうが、『日観集《にっかんしゅう》』という漢《かん》詩集《ししゅう》の序文を取り上げてみたい。『日観集』は十世紀前半の文人大江維時《おおえのこれとき》が▲、承和から延喜《えんぎ》まで(九世紀半ば〜十世紀前半)の日本人の手になる漢詩を集めたもの

▼**大江維時**　八八八〜九六三年。千古《ちふる》の子。紀伝道をおさめ、九二九(延長《えんちょう》七)年文章博士、九五〇(天暦《てんりゃく》四)年参議、九五七(天徳《てんとく》元)年中納言にのぼった。

で、現在本文は散逸し、序文のみが伝わっている。そこでは、人は遠来のものを重んじ、身近なものを卑しむ性向があるため、同じような風景に題材をとっても、「漢家之謡詠」を賛嘆し、「日域之文章」を軽んじているとし、「日域之文章」の優れたものを集めて、題名も日本の漢詩集という意味を強調するため『日観集』とするのだと述べられている。

『凌雲集《りょううんしゅう》』▲に始まる九世紀の勅撰漢詩文集では、漢詩文はあくまで詩・文章という普遍的な存在であったのに対して、この段階になると、実際の作品は中国の詩文の影響を強く受けたものであったとしても、これらを相対的に独自の価値をもつ「日本のもの」として、中国のそれと区別してとらえようとする観念(「本朝意識《ほんちょういしき》」と呼ばれる)が強まっていくのである。

このような本朝意識の形成には、九世紀を通じて律令《りつりょう》国家の対外政策が積極的な孤立主義を強めていった結果、固定された境界の枠内で「日本」をとらえるという国家観の変化も大きな影響をあたえており、その意味では偏狭なナショナリズムにもつながるものだった。しかし一方で本朝意識は、都の貴族にとって従来さほど価値を認めていなかった、そのような「日本」という枠のなかのさ

▼『凌雲集』　最初の勅撰漢詩集。小野岑守《おののみねもり》らの撰により八一四(弘仁《こうにん》五)年ごろ成立。延暦《えんりゃく》年間以後(七八二〜)の漢詩九一首をおさめる。

まざまな事象への関心を呼び覚ますことにもなったのである。たとえば、承平年間（九三一〜九三八）に源　順《みなもとのしたごう》が編纂した百科全書である『倭名類聚抄《わみょうるいじゅうしょう》』▲の序文では、本書は「世俗之疑」を解決するために編まれたものであると述べられ、採り上げられた項目には、生活に密着した卑近《ひきん》な事柄（調度品類の名称や国内にみられる草木類の名称など）が多く、しかも必ずその「倭名」▲が示されている。書物の形式は中国に範をとったものでありながら、編者の関心はあくまで国内の身近な事象とその「倭名」にあるのである。

さて、このように「国風」の内実をとらえるとすれば、受領の往来そのものが当時の文学作品の題材になったことや、「国風文化」全般の形成にどのような役割を果たしたかは、およそ明らかであろう。受領が往来の途次や任国で見聞した風景や人びとの生活、あるいはそれに根ざした各種の伝承などは、本朝意識をもつ貴族にとって、まさに新鮮な関心を呼び起こす対象そのものであったのである。④章でみた菅原道真の讃岐守在任中の漢詩にも、形式の点では、唐の詩人たちの作品を参考にしていたとはいえ、任国内の人びとの生活を注意深く観察した結果生まれたものや、土地の古老との対話を通じてつくられたものが

▼**『倭名類聚抄』**　承平年間（九三一〜九三八）、醍醐《だいご》天皇の皇女勤子《きんし》内親王の教科書として、嵯峨《さが》源氏出身の源順が著わした百科事典的な漢語辞書。中国の百科事典にならった類書は、九世紀にも滋《しげ》野貞主《ののさだぬし》による『秘府略《ひふりゃく》』などがあったが、本書は、取り上げた言葉の「倭名」、すなわち日本語のよみを記している点に大きな特徴がある。

▼**倭名**　やまとことばの訓み。

多かったことは前述したとおりである。また、本章の最初に紹介した『朝野群載』の「国務条々事」には、土地の古老を敬い、彼らから「風俗」をよくたずねるようにという記述がある。これは直接的には任国の支配という現実的な目的のためであろうが、古老の語ることのなかには、それ以外にも受領の関心を引きつけるさまざまな伝承の類が含まれていたことは想像にかたくない。

これらの伝承は、受領が帰国したのち、都の貴族のあいだに流布する場合もあったであろうし、いずれ『今昔物語集』をはじめとする説話集にも、採りいれられることになっていくのである。

受領と唐物

最後に、受領と物資の流通との関係を、とくに唐物に注目しながらみていきたい。摂関期において、受領の往来が国内の物資流通のもっとも重要なパイプの一つだったことはいうまでもない。これまでに何度かふれた『新猿楽記《しんさるがくき》』の理想的郎等四郎君《しろうのきみ》は、交通・輸送の面でも優れた能力を発揮し、それによって日本全国の名産をその手中にしていると記述されていたし、現実に弁済使《べんさいし》が管理した都周辺の受領の納所《なっしょ》は、単に任国からの物資を保管・蓄積するだけでなく、それを元手に盛んな交易活動も行っていたからである。

このような受領を媒介として流通していた物資のなかに、大陸からの唐物も含まれていた。たとえば、すでに③章で紹介したが、一〇一八(寛仁《かんにん》二)年、伊《い》予守《よのかみ》源頼光《よりみつ》が藤原道長の土御門第《つちみかどてい》新造の際に献上した調度品のなかには、唐綾《からあや》でつくられた装束がおさめられていた唐櫃《からびつ》・衣櫃があった。頼光の場合、これらの唐物は、大陸商人などから直接入手したというよりは、やはり納所を核とした交易活動により入手した可能性が高い。

しかし、とくに西海道《さいかいどう》諸国の受領の場合、博多津《はかたづ》に来航する大陸商人から唐物を直接買いつけることも多かったと考えられる。そのことを示す比較的早い時期の史料として、『続日本後紀《しょくにほんこうき》』に記された張宝高《ちょうほうこう》の一件がある。張宝高は新羅《しらぎ》の軍人で、同時に唐・新羅・日本を結ぶ商人としても活躍していた。新羅が王位継承をめぐる内乱のさなかにあった八四〇(新羅文聖王二年、承和七)年末、張宝高は使者を博多に送ってきた。日本政府は、新羅の内乱が国内に波及するのを恐れて使者を返却したが、使者のもたらした商品を民間で交易するのは許

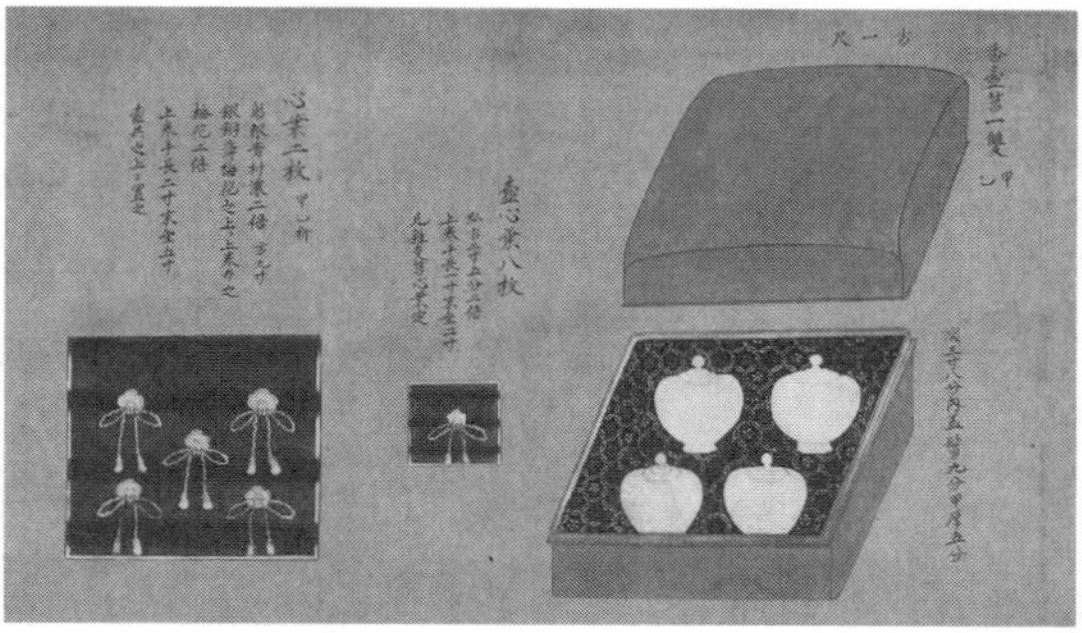

●――唐物(香壺筥《こうごのはこ》と香壺) 『類聚雑要抄指図巻』に描かれた一一一五(永久《えいきゅう》三)年の藤原忠実《ただざね》東三条殿移徙《いし》の際に用いられた調度品。筥にしかれた錦の織物や、沈香《じんこう》などの香料は宋商人がもたらした唐物であろう。

可した。翌年半ばごろにも、彼は李忠《りちゅう》という使者を博多に送ったが、十一月になると内乱の過程で張宝高は暗殺され、いったん新羅に帰国した李忠は、張宝高の残党やその財物を携えてふたたび博多に逃れてくる。これに対して八四二(承和九)年正月、張宝高を暗殺した閻丈《えんじょう》は、使者を博多に送って、李忠をはじめとする張宝高の残党の逮捕や財物の返却を要求するが、政府はこれを拒絶し、李忠らを帰国させた。

この事件は、新羅という隣国の内乱の影響が、日本国内にも波及する可能性を示し、日本政府が前述した積極的な孤立主義外交政策をとる契機ともなった事件として有名である。そのなかで注目されるのは、張宝高が博多に派遣した使者に対して、その直前まで筑前守《ちくぜんのかみ》だった文室宮田麻呂《ふんやのみやたまろ》▲という人物が、唐物購入の代価として絁《あしぎぬ》を前渡しし、張宝高が暗殺されてその使者が博多に逃れてくると、その財物を購入予定の唐物のかわりに差し押さえていたことが、事件の経過のなかで判明した点である。当時の対外交易は、外国船が来航すると国家が先買権を行使し、民間の交易は国家の統制のもとで、認められた範囲内で行うという原則だったから、宮田麻呂の行為は、そのような貿易統制を逸脱す

▼**文室宮田麻呂**　生没年未詳。九世紀中ごろの官人。八四〇(承《じょう》和《わ》七)年四月筑前守に任命されるが、翌年正月には解任されている。八四三(承和十)年謀反の疑いをかけられ、伊豆《いず》国に配流された。承和の変に関連するともいわれているが、真相は不明である。ただし八六三(貞観《じょうがん》五)年の御《ご》霊《りょう》会《え》では御霊とされているので、謀反は冤罪だった可能性が高い。

るものだった。

しかし実際には、これ以後も国家の統制を無視した民間の交易は盛んに行われていく。そのことは、九〇三(延喜《えんぎ》三)年の法令に、大陸からの商船が来着すると、院宮王臣家の使者や大宰府《だざいふ》管内の「富豪之輩」が、官使《かんし》(先買権を行使するために朝廷《ちょうてい》から派遣される「唐物使」)が到着する以前に、先を争って商品を買いあさるので、価格の高騰を招いている、と指摘されていることからもわかる。

そこで、官使到着以前に唐物を買いあさっていた人びとのなかに、西海道諸国の受領が含まれていたかどうかが問題となる。しかし、西海道諸国で徴収された租税は、京進される特定の品目を除いて大宰府におさめられ、また九世紀末以後は公文勘会《くもんかんかい》も大宰府で行われていたから、西海道諸国の受領は、大宰府やその外港である博多津に納所などの施設をおいていたと推測され、それを拠点として大陸商人と直接取引を行っていた可能性は十分考えられるのである。

かなりのちの史料になるが、『小右記《しょうゆうき》』長元《ちょうげん》二(一〇二九)年三月二日条には、藤原実資《さねすけ》のもとに、薩摩守《さつまのかみ》巨勢文任《こせのふみとう》・香椎宮司《かしいぐうじ》武(姓未詳)・高田牧司《たかだのまきし》宗像妙忠《むなかたのみょうちゅう》の三人から種々の唐物が送られたとある。この唐物は、前年九月ごろに博多に来航した周文裔《しゅうぶんえい》という商人との交易によって入手されたものと思われるが、これを送ってきた三人のうち、巨勢文任は実資家の家司、宗像妙忠は小野宮家が筑前国に所有していた荘園の荘官《しょうかん》であった。この史料は、摂関期の貴族がさまざまなルートで唐物を入手していたことを示すものであるが、そのなかに西海道諸国の受領が含まれていたのである。

さらに憶測すれば、西海道諸国の受領が唐物を入手した場所は、博多津に限らなかった可能性もある。院政期になれば、その当時は有明《ありあけ》海に面していた肥《ひ》前《ぜん》国神崎《かんざき》荘に宋《そう》船が来航して交易が行われたことは著名な事実であるし、さかのぼって九世紀半ばの五島《ごとう》列島には、唐や新羅の商人が博多津などに向かう際に寄港し、また五島の産物を商品に加工するような、交易のための中継基地があったと推測されている。要するに、史料にこそあまりあらわれてこないが、大陸商人は九州西岸のさまざまな地点に来航した可能性があり、受領はその気になれば、任国内の来航地で、彼らから直接唐物を入手することができたと思われるのである。

転じて北方に目を向けると、『延喜式《えんぎしき》』には、陸奥《むつ》・出羽《でわ》両国の交易雑物のな

▼**葦鹿・独犴**　葦鹿は海獣のあしか、独犴は北方系の犬。

かに、熊皮・葦鹿《あしか》皮・独犴皮▲が含まれており、これらはおもに北海道の渡嶋《わたりのしま》蝦夷《えみし》との交易によって調達されていたと考えられている。十世紀にはいると、陸奥国の鎮守府《ちんじゅふ》将軍▲、出羽国の秋田城介《じょうのすけ》▲は、ともに受領としての位置づけをあたえられるようになる。摂関期の貴族の日記には、彼らによる摂関家への貢物に関する記事も残されているが、貴族の装束・調度・馬具などの材料として珍重されたこれらの毛皮も、そのなかに含まれていた可能性があり、前述した受領と摂関・公卿との関係からいっても、鎮守府将軍・秋田城介が北方の蝦夷との交易活動に積極的にあたったことが想像できよう。

以上のように、受領はその交易活動を通じて、当時の国際社会とも連なる存在だったのである。

▼**鎮守府将軍**　蝦夷支配のために陸奥国におかれた軍政府である鎮守府の長官。八世紀前半に多賀《たが》城《じょう》に設置され、当初は陸奥守と兼任する者が多かった。しかし九世紀初頭、鎮守府が胆沢《いさわ》城に移されると、陸奥守とは相対的に別個の官職となり、十世紀以後は、おもに奥六郡《おくろくぐん》(衣《ころも》川以北の地域)を管轄し、中央には砂金や馬の貢進を請け負う受領とみなされるようになった。

▼**秋田城介**　秋田城は、八世紀前半、現在の秋田市内高清水岡《たかしみずおか》におかれた城柵。秋田城務は、当初出羽国司のなかから専当官(一八ページ注参照)が選ばれたが、一般に介がこの任にあたったので秋田城介の名称が生まれた。十世紀以後は、鎮守府将軍と同様、受領に準じる官とされ、秋田郡や山北《せんぼく》三郡(雄勝《おがち》・平鹿《ひらか》・山本郡)など、出羽国北部を管轄した。

●―写真所蔵・提供者一覧（敬称略，五十音順）

阿部棟也撮影・「週刊朝日百科　新訂増補『日本の歴史』54号」より
　p. 86
出光美術館　p. 41下
北野天満宮　p. 60
京都大学文学部　p. 41上
京都府立総合資料館　p. 36
宮内庁正倉院事務所　p. 6, 13
国立歴史民俗博物館　扉
坂出市商工観光課　p. 64
東京国立博物館　カバー表, p. 73, 91
東京大学史料編纂所　p. 28
福島県立博物館　p. 20
藤田励夫　p. 69
山口県防府天満宮・東京国立博物館　カバー裏

山口英男「10世紀の国郡行政機構」『史学雑誌』100－９，1991年

③―摂関政治と受領

大津透『律令国家支配構造の研究』岩波書店，1993年
佐々木恵介「受領と日記」『古記録と日記　下』思文閣出版，1993年
佐々木恵介「摂関期における国司交替制度の一側面」『日本歴史』490，1989年
谷口昭「諸国申請雑事」『中世の権力と民衆』創元社，1970年
玉井力『平安時代の貴族と天皇』岩波書店，2000年
寺内浩「受領考課制度の成立と展開」『史林』75－２，1992年
中込律子「『北山抄』巻十吏途指南にみる地方支配」『中世成立期の政治文化』東京堂出版，1999年
渡辺直彦『日本古代官位制度の基礎的研究　増訂版』吉川弘文館，1978年

④―受領群像

坂本太郎『菅原道真』吉川弘文館，1962年
春名宏昭「菅原道真の任讃岐守」『菅原道真論集』勉誠出版，2003年
弥永貞三「菅原道真の前半生」『日本人物史大系　１』朝倉書店，1961年

⑤―受領と交通

石上英一「古代国家と対外関係」『講座日本歴史　２』東京大学出版会，1984年
遠藤巌「秋田城介の復活」『東北古代史の研究』吉川弘文館，1986年
小原仁「摂関・院政期における本朝意識の構造」『日本古代中世史論考』吉川弘文館，1987年
加藤友康「上総国藻原荘について」『千葉県史研究』３，1995年
熊谷公男「『受領官』鎮守府将軍の成立」『中世の地域社会と交流』吉川弘文館，1994年
戸田芳実『初期中世社会史の研究』東京大学出版会，1991年

●—参考文献

佐藤泰弘「受領の成立」『日本の時代史　5』吉川弘文館, 2002年
村井康彦『平安貴族の世界』徳間書店, 1968年
村井康彦『王朝風土記』角川書店, 2000年
森田悌『受領』教育社, 1978年
吉田孝・大隅清陽・佐々木恵介「9－10世紀の日本—平安京」『岩波講座　日本通史5　古代4』岩波書店, 1995年
吉村茂樹『国司制度崩壊に関する研究』東京大学出版会, 1957年

①—国司から受領へ

加藤友康「9・10世紀の郡司について」『歴史評論』464, 1988年
亀田隆之「良吏政治の考察」『古代史論叢　下』吉川弘文館, 1976年
河音能平『中世封建制成立史論』東京大学出版会, 1971年
戸田芳実『日本領主制成立史の研究』岩波書店, 1967年
長山泰孝『律令負担体系の研究』塙書房, 1976年
福井俊彦『交替式の研究』吉川弘文館, 1978年
北條秀樹『日本古代国家の地方支配』吉川弘文館, 2000年
森公章『古代郡司制度の研究』吉川弘文館, 2000年
山口英男「郡領の詮擬とその変遷」『日本律令制論集　下』吉川弘文館, 1993年

②—受領の任国支配

泉谷康夫『日本中世社会成立史の研究』高科書店, 1992年
勝山清次『中世年貢制成立史の研究』塙書房, 1995年
久保田和彦「国司の私的権力機構の成立と構造」『学習院史学』17, 1981年
坂上康俊「負名体制の成立」『史学雑誌』94－2, 1985年
坂本賞三『日本王朝国家体制論』東京大学出版会, 1972年
佐藤泰弘『日本中世の黎明』京都大学学術出版会, 2001年
中込律子「王朝国家期における国衙国内支配の構造と特質」『学習院史学』23, 1985年
中込律子「受領請負制の再検討」『中世成立期の歴史像』東京堂出版, 1993年
中込律子「中世成立期の国家財政構造」『歴史学研究』677, 1995年

日本史リブレット12

受領《ずりょう》と地方社会《ちほうしゃかい》

2004年２月25日　１版１刷　発行
2021年３月31日　１版５刷　発行

著者：佐々木恵介《ささきけいすけ》

発行者：野澤武史

発行所：株式会社 山川出版社

〒101－0047　東京都千代田区内神田１－13－13
電話 03(3293)8131(営業)
03(3293)8135(編集)
https://www.yamakawa.co.jp/
振替 00120-9-43993

印刷所：明和印刷株式会社

製本所：株式会社 ブロケード

装幀：菊地信義

Printed in Japan ISBN 978-4-634-54120-7

日本史リブレット　第Ⅰ期［68巻］・第Ⅱ期［33巻］　全101巻

1 旧石器時代の社会と文化
2 縄文の豊かさと限界
3 弥生の村
4 古墳とその時代
5 大王と地方豪族
6 藤原京の形成
7 古代都市平城京の世界
8 古代の地方官衙と社会
9 漢字文化の成り立ちと展開
10 平安京の暮らしと行政
11 蝦夷の地と古代国家
12 受領と地方社会
13 出雲国風土記と古代遺跡
14 東アジア世界と古代の日本
15 地下から出土した文字
16 古代・中世の女性と仏教
17 古代寺院の成立と展開
18 都市平泉の遺産
19 中世に国家はあったか
20 中世の家と性
21 武家の古都、鎌倉
22 中世の天皇観
23 環境歴史学とはなにか
24 武士と荘園支配
25 中世のみちと都市
26 戦国時代、村と町のかたち
27 破産者たちの中世
28 境界をまたぐ人びと
29 石造物が語る中世職能集団
30 中世の日記の世界
31 板碑と石塔の祈り
32 中世の神と仏
33 中世社会と現代
34 秀吉の朝鮮侵略
35 町屋と町並み
36 江戸幕府と朝廷
37 キリシタン禁制と民衆の宗教
38 慶安の触書は出されたか
39 近世村人のライフサイクル
40 都市大坂と非人
41 対馬からみた日朝関係
42 琉球の王権とグスク
43 琉球と日本・中国
44 描かれた近世都市
45 武家奉公人と労働社会
46 天文方と陰陽道
47 海の道、川の道
48 近世の三大改革
49 八州廻りと博徒
50 アイヌ民族の軌跡
51 錦絵を読む
52 草山の語る近世
53 21世紀の「江戸」
54 近代歌謡の軌跡
55 日本近代漫画の誕生
56 海を渡った日本人
57 近代日本とアイヌ社会
58 スポーツと政治
59 近代化の旗手、鉄道
60 情報化と国家・企業
61 民衆宗教と国家神道
62 日本社会保険の成立
63 歴史としての環境問題
64 近代日本の海外学術調査
65 戦争と知識人
66 現代日本と沖縄
67 新安保体制下の日米関係
68 戦後補償から考える日本とアジア
69 遺跡からみた古代の駅家
70 古代の日本と加耶
71 飛鳥の宮と寺
72 古代東国の石碑
73 律令制とはなにか
74 正倉院宝物の世界
75 日宋貿易と「硫黄の道」
76 荘園絵図が語る古代・中世
77 対馬と海峡の中世史
78 中世の書物と学問
79 史料としての猫絵
80 寺社と芸能の中世
81 一揆の世界と法
82 戦国時代の天皇
83 日本史のなかの戦国時代
84 兵と農の分離
85 江戸時代のお触れ
86 江戸時代の神社
87 大名屋敷と江戸遺跡
88 近世商人と市場
89 近世鉱山をささえた人びと
90 「資源繁殖の時代」と日本の漁業
91 江戸の浄瑠璃文化
92 江戸時代の老いと看取り
93 近世の淀川治水
94 日本民俗学の開拓者たち
95 軍用地と都市・民衆
96 感染症の近代史
97 陵墓と文化財の近代
98 徳富蘇峰と大日本言論報国会
99 労働力動員と強制連行
100 科学技術政策
101 占領・復興期の日米関係